日本文化史再考

小野寺 満
Onodera Mitsuru

創風社出版

日本文化史再考

目次

まえがき

この書を書き終えるのには約八年の歳月を要した。特に第二章を書くのに殆どの時間を費やした。仏教については私が二十歳の頃から学習・研究を続けてきた。あしがけ五十年位になる。特に修験道に関しては、日本百名山の二十五峰くらい登頂してきた。修験道に斗藪という言葉があるが、私の人生そのものが斗藪ではなかったかと回想している。

第一章　先住民族の悲哀

インカの民はわずか二百人ほどのスペイン人によって国を滅ぼされ、殺され、財産を奪われ、言葉では表せないありとあらゆる虐待を受けてきた。北アメリカでは一千万のバファローとともにインディアンは虐殺されてきた。オーストラリア大陸ではアボリジニが虐殺されてきた。ユーラシア大陸ではロシア人によりコリヤーク、チュクチが虐殺されてきた。そして日本ではアイヌが虐待を受け惨殺されてきた。

先住民族はどのくらいの昔から、どれくらいの虐待・虐殺を受けてきたのだろうか。レソト王国のモシュシュ二世によれば「西側は五百年以上にわたってアフリカの天然資源を搾取し、ほとんど枯渇させた。そしてようやくアフリカの危機の実態に気づき始めている」という。

また北アメリカ大陸は五百年前に西欧人によって侵略され、一千万頭とも言われるバファローと共に二百万以上のインディアンが虐殺された。現在ではインディアン居留地と呼ばれる狭い土地に残り少なくなったインディアンが隔離されている。北アメリカ大陸でも先住民は土地を奪われ虐殺を受けてきた。アメリカ合衆国の建国はバファローと先住民族のインディアンの虐殺から始まったのだ。彼らアメリカ人が自由と独立、人権擁護などと言うのはおためごかしにすぎない。

南アメリカではスペイン人たちがインディオに対して行った数々の暴虐を告発した記録が残っている。ラス・カサス著『インディアスの破壊についての簡潔な報告』（岩波文庫　染田秀藤訳）を一読されたい。

レヴィ・ストロースは『悲しき熱帯』の中で、「天然痘で死んだ患者の病菌で汚れた着物を病院でもらい受け、それを他の贈り物と一緒に、インディオの諸部族がよく通りかかる道端に吊しておく。…フランスと同じくらいの広さを持つサン・パウロ州は一九一八年の地図によるとその三分の二が、インディオのみによって居住されている未開発の土地であったが、一九三五年に私がそこに着いた時には、海岸に押し込められた数家族から成る一団を除けば、もはや唯ひとりのインディオもいなかったのである。」と書いている。なんと白人は陰険・陰惨な人間であろうか。

ブラジルとはスギの木の仲間の名称で、どこでも生えていたが皆伐され現在では殆ど見ることができなくなった。このスギの木の名前がブラジルの名の由来である。ニュージーランドのある針葉樹も同じ運命をたどりつつある。ニュージーランドの針葉樹カウリは、世界でも最大級の巨木で過去には樹齢四千年に及ぶものがあったという。因みにカウリとは南太平洋一帯に生息するアガチス（南洋スギ）の仲間である。

日本の文化史は縄文文化に始まり、弥生文化、古墳文化、飛鳥・白鳳・天平文化、弘仁・貞観文化、藤原文化、鎌倉文化、室町文化、桃山文化、江戸文化、近代文化と区割りされている。この従来の区割りを、Ⅰ先住民文化、Ⅱ仏教思想、Ⅲ自然科学の合理的思考法、Ⅳ民主主義と独立という区割りで日本文化史を再考してみる。

少数民族がかつて暮らしてきたように、これからも暮らせる時代が続くことが一番だと思う。北方シベリアの考古学者オクラードニコフが指摘したように動物に代わってヒトが神になった時から、自然に対する収奪は激しくなり、動植物とヒトとの均衡は崩れ始めた。

文化史も為政者の歴史になぞらえられる。結局は縄文文化から始まって、最後尾は近代文化となる。人間の生活が分かるように文化史を述べたものはないのか。この答えになるのが民俗学なのであろう。人間のたどってきた生活のありようが想像できなければ文化史としての価値がない。産業別分類による第一次産業、第二次産業、第三次産業、第四次産業によれば、第一次産業が人間の活動の中で最も古くからの営みと言える。農漁業、牧畜業が人間の営みの中の基本的活動である。縄文文化とか弥生文化とかはこの第一次産業の中に温存されているところがある。

関西の方には天皇陵など史跡が数多くあり、身近に天皇行幸の地など普段から日常生活の中で史跡に接しており、天皇に関することだけでなく歴史上の事件・人物にまつわる話を耳にすることは珍しいことではない。小さな子供のころから歴史上の事件・人物について学ぶと言うよりは自然に身につくと言った方がよいくらいで、天皇という語にも抵抗感はなく、特に平安京の置かれた京都の人々にとっては慣れ親しんでいる語だろう。

それに比べて東北地方の人々にとっては天皇、歴史上の事件・人物というのは数少なく、まず登場するのが征夷大将軍の坂上田村麻呂である。東北地方の神社の縁起を見ると、まず第一に出てくるのが坂上田村麻呂である。天皇の行幸や史跡はまずなく、時代が遙かに下った平泉の藤原氏の登場で、初めて歴史の舞台が整ってくる。それまでは、ひたすら征夷大将軍の征討されるべき存在として、未開の地として登場するのみである。

北九州・関西の地は早い時代から朝鮮半島・中国本土との交易や交渉があり、物流だけでなく人の往来も繁く行われていたことが明らかになっており、ある時代には数十万人規模の移住が朝鮮半島からあったと言われている。その当時の数十万規模の移住と言えば、朝鮮国がそのまま日本本土に移ったと言ってもよい。政治制度はもちろんのこと農業技術・風俗・風習までが一体となって渡来したにちがいない。話が飛ぶように思われるかも知れないが、関西では同和問題が大きな社会問題として取り扱われるが、関東地方では殆ど同和問題という意識は存在しないと思われる。これは中華思想、もちろん中国に接する朝鮮文化もそうであろうが、南蛮・北狄・東夷・西戎という考え方が根本にあると思えてならない。

中国本土・朝鮮半島からやって来た人々は古墳文化を創り、関西の地に大きな天皇陵を築いて、その時代に先住民であった人々は中国本土・朝鮮半島からやって来た人々の下に組み入れられてきたにちがいない。その移住者集団の機能が麻痺するのが平安時代末期であり、先住民勢力の流れをくむ武族集団が政権を支配するのが鎌倉時代から江戸時代へと続く武家政権時代と言うことができよう。

文献史学の胡散臭さ

縄文時代と弥生時代の区分は適切ではなく、この二つの時代には連続性があり、むしろ先史時代と一括すべきであると考える。縄文時代から弥生時代へ、これは日本列島の先住民文化と言えるのではないか。その後、弥生時代から古墳時代にかけて朝鮮半島から多くの文物・人が日本列島の西部に移入してきた。これらは主に朝鮮半島を経由した文化、具体的には朝鮮文化と言ってよいだろう。

次に、朝鮮から渡来した文化に匹敵して先住民の文化に影響を与えたのは仏教文化であろう。朝鮮文化が日本列島の先住民に浸透していったとは考えにくいが、仏教文化の場合は土着の山岳信仰や先住民の死生観に影響を与えたのかは一考を要する問題であろう。仏教文化は朝鮮からの渡来文化融合の形で成立していたのではなかろうか。

不思議なことに日本文化が朝鮮半島に、朝鮮文化が中国へ伝わり、さらには中国文化がインドに伝わることはなかった。常に一方通行に仏教文化が伝わっていったのである。

あと一つの大きな文化史への影響は近代科学の思考である。近代科学の影響は具体的に汽車や建築技術、通信技術、夜間の照明、天体の観測、生物の仕組み、医療技術などに現れて、人間生活全般にわたり便宜をもたらした。この近代科学によって人間社会の生産技術は飛躍的な進歩を遂げた。

果たしてどれだけ日本に独創的・根源的な文化があるだろうか。ひょっとしたら縄文文化・アイヌ文化くらいなのではないか。アイヌ文化と言ってもアイヌ語を自由に操り話をして理解できるアイヌは既にいない。現在でもアイヌの血を引く人間はいるが、アイヌ語をしゃべる人間はいないと考えてよい。北海道でアイヌ語を学ぶ会とかアイヌ語講座は開かれているが、日常生活の中での生きたアイヌ語は死滅した。正しくは死滅させられたと言うべきか。縄文文化は土器があまりにも有名になり、縄文土器イコール縄文文化という図式が歴史教科書や歴史の本によって我々の頭の中に刷り込まれている。最近の研究では縄文文化、弥生文化と分けないで先住民文化とか、採集を含めた農文化とかに捉え直すべきであると検討されている。

葬送に関することは民族・文化にとって簡単には受容しない内容を持っている事柄で、この葬送に着目すると民族の移動・流れを捉えることができる。古墳時代を見る限り、明らかに朝鮮半島からの移住により影響を受けたことは明々白々である。歴史時代に移って政治制度・税制度は中国のものを模倣した。また奈良時代には仏教をとり入れ寺院を国内に配置した。中国文化が処世訓・操人術的であるのに対しインド仏教は哲学的である。いかに生きるべきかを考えさせる文化である。中国人自らインド仏教が中国に及ぼした思想的影響は根源的で多大であったことを認めるところである。日本に伝えられた仏教も中国を通じて伝えられたものである。実際に『仏陀のことば』や『浄土教三部経』のインドの原典訳と中国語訳を比べてみるとはっきりする。インド原典訳は簡潔であり理解しやすい。それに比べて中国語訳の複雑で難解であることに驚かされる。これは言い換えれば中国では哲学的な事柄を書き著す素地がなかったこと、その必要性に迫られてこなかったことを意味しており、インド仏教が中国〜朝鮮〜日本と伝わったことで、中国仏教は日本に伝わったが、インドに逆輸入されることはなかった。また日本文化は中国にもインドにも伝わることはなかった。

日本列島の先住民文化即ち縄文文化・アイヌ文化などに、朝鮮の古墳文化、中国の政治制度・税制度、それに今述べた仏教文化が日本に伝わって、それからまた約千年後に怒濤のように西欧文化の荒波が押し寄せてきた。この荒波には早い遅いはあるが、日本に限らず世界中の殆どの国が影響を受けた。アフリカ大陸は蜂の巣のように食い荒らされ、アフリカ大陸の南の先端地域はイギリスによって南アフリカ共和国がつくられた。アフリカ大陸は西欧諸国によって植民地化され資源調達の地となった。現在ではアフリカ諸国は独立したことになっているが、その内実は西欧諸国の資源調達地域であることに変わりはない。旧植民地国と旧領主国である西欧諸国は現地に傀儡政権とも呼ぶべき政権を立てて自由自在に旧植民地国を操っている。もし旧植民地国の政権が反抗すれば軍事介入もする。

これらの植民地化が一番強烈に行われたのが中南米のスペインによるアステカ・マヤ・インカの文化破壊である。北アメリカにおいても一千万のバファローと共にインディアンが殲滅された。中近東・アジア地域も例外ではなかった。またシベリア地域は植民地化の視点から見すごかされがちであるが、コサック兵を使ったロシアのシベリア侵略は凄まじいものがある。

ここで忘れてはならない重要なことは、独創的かつ根源的な発想を持った文化は先住民族・少数民族と呼ばれている中にしか見いだせないことである。よく考えてみれば先住民族・少数民族は数千年の長きにわたって自らの生活と文化を育んできたのだから。その先住民族・少数民族が連綿としてその民族の血をつないできた現在の時点で存在していることは、過去数千年にわたって、彼らなりの方法で自然環境に適合してきた英知を備えてきたのである。その先住民族・少数民族の中での文化は全体として均衡を保ち自ら充足していたにちがいない。こう考えると先住民族・少数民族の存在はかけがえのない存在として捉え直すことができる。

民主主義と近代科学思想

日本において一体どれだけ民主主義と近代科学思想は定着しただろうか。テレビの国会中継を見る限りでは、まず民主主義が成立したとは感じられない。国会の場で討論という形式そのものが成立しているとは思われない。揚げ足取りと曲解、すれ違いの討論とも呼べない。自分勝手に自分の意見をまくし立てるばかりで議論がかみ合うことはまずない。国の最高の議会での話だ。まるで子供のケンカのようで議題について互いに共通認識を持って議論をするのだという姿勢が見られない。残念なことである。

これは一例に過ぎず、二〇一一年三月十一日の東日本大震災で発生した福島第一原発の炉心溶融『メルトダウン』事故についても言えることである。チェルノブイリの原子炉設計者が福島原発の非常電源の場所がまずいと指摘したり、地震学者が津波の高さの想定が低すぎると指摘していたにもかかわらず、企業側の利潤追求の都合から全く無視して、自分たちに都合のよい資料のみを用いて、科学的合理性を無視して原子炉を改修・補填したりすることなく運営してきた。海外の研究機関から指摘されなくとも、将に人災であった。この原発事故も、未だ科学的合理性が日本社会に定着していないことを現しているのだろう。偶々この二つの例を挙げたが、身の回りを眺めればいくつも似たようなことが見つかる。

文化とは人間がどのような生活をしているかの全般を表す。確かに近代科学による技術文化は運輸・通信・電化製品、石油の発掘による化学製品の開発など、例を挙げれば数限りがない。人口爆発も医療技術、食糧増産、栄養摂取の豊かさによるところが大きい。現在では人間の文化的活動による地球環境の破壊が明らかになって、人口抑制や、近代科学の技術を使う場合には、自然環境に対してどのような影響を及ぼすのか、人間の考えを尽くして、使うことを真剣に学んでゆかねばならない。

歴史上、世界を制覇した国々はその当時において最強の軍備を備えていた。これまで、軍事力の支配による裏付けのない世界経済の制覇は存在しなかった。おそらく今後も圧倒的な軍事力の裏打ちのない世界経済の制覇はあり得ないだろうと考えられる。

文化とは一体どれほどのものなのか。充足して生きているだけで十分ではないのか。都会生活でなくとも現在の日本では蛇口をひねれば水が出て、明かりは電灯、火はガスでいつでも自由に使えるのが普通である。欧米や日本、海外でも都市であれば同様であろう。ところがアジア・アフリカ・中南米の地域では水道・電気・ガスの使用がままならないところが多くある。そこでは文化的生活拡充を考えていくことは大きな意義があると考えられる。それでも森で暮らすアボリジニは数万年にわたって水道・電気・ガスのない生活を送ってきた。近代科学文明を備えた西欧の連中が彼らの庭に無断で入り込み占領して勝手に自分らの土地だと宣言した。西欧人の住む庭に勝手に入り込んだら、占領する前に撃ち殺されるか不法侵入で連れて行かれ監獄にぶち込まれる。

軍事力と経済力は国家の両輪

領土を守るには軍事力が必要で、軍事力を維持するには相応の経済力が必要である。経済力の基盤は税制制度にあり、税制制度が行き渡っている領域が国家の領土となる。

これに対して先住民族と呼ばれる人々の社会には、まず税制制度はなく自分たちの領土という観念はない。土地所有権という考え方が存在しないと言ってよいだろう。土地は祖先伝来の自分たちの狩りをしたり耕したりする、自分たちが自由に行き来して生活を営む領域である。

西欧人が植民地時代と名づける時代になって先住民たちの住む領域に勝手に入り込み、侵略して自分たちの土地にしてしまった。そして、その土地に住む先住民を農奴としてこき使い、農産物を生産させ自国に持ち帰ったり、奴隷として鉱山などで働かせ、交易を通じて富を占有してきた。現代の我々の感覚から言えば、勝手に人の庭に入ってきて家を建てたり、そこに住む住人を追い出してそこに住み着いたり、そこの住人を奴隷にして働かせたりすることと同じだ。何でこんなことが許されるのか。こういうことが先住民の住む土地では当たり前に行われてきた。西欧人に言わせれば、歴史は植民地時代以前、植民地時代、植民地時代以後の三つに分けられるそうだ。何とも自分勝手で都合のよい時代区分の仕方ではないか。

『序論』

人間の欲望は限りないもので、一つの望みが叶えられると次の欲望がこみ上げてくる。先住民族の間では土地は人を所有すると考えるが、白人は人が土地を所有すると考える。先住民族の間では自然が神であるが、白人では人間が神である。『黄金のトナカイ』の著者オクラードニコフは動物にとって替わって人間が神になったと書いている。北アジア・シベリアの考古学者オクラードニコフは黒竜江（アムール河）沿いと興安嶺（シホテ・アリニ山脈）沿いにはシベリア西部・北部の直線的な模様に対して丸みを帯びた曲線的な模様が見られ、明らかに異なる文化圏が対立していると言っている。この曲線的な模様を持つ文化は、将に日本の縄文、アイヌの模様に共通するものであり、現代において縄文文化は沿海州を含めた日本列島周辺の領域にまで拡大して考える必要がある。おそらく黒竜江・興安嶺・沿海州・日本列島と共有する文化が存在したのではないかと私は考えている。

環日本海の縄文文化

氷河期において日本列島と大陸が陸続きであったころは日本海は陸地に閉ざされ、おそらく外海から孤立した日本海を中心とした文化があったにちがいない。それが温暖化と共に孤立していた日本海が外海とつながり、大陸とつながっていた日本列島が海に囲まれて現在の日本列島が形成された。日本列島が大陸と切り離されたと言っても、朝鮮半島や中国大陸との交渉は絶えず海路を通じて行き来があったことはよく知られている。ただ縄文土器というと日本列島独自のものと考えられ易いが、やはり日本海を取り囲む環日本海の陸地に共通して育まれた文化として捉える必要がある。

縄文文化とは何か

衣食住を考えれば衣に関しては麻とかアッシ（木皮を編んだもの）、殆ど腐って残っていないが、動物・植物の皮などを利用していたと考えられる。食に関しても現代人の我々が考える以上に進んでいたものと思われる。三内丸山遺跡では栽培種のクリが発見された。狩猟・採集生活と言っても野菜などの植物についてはある程度の栽培技術を持っていた可能性が充分にある。住居は竪穴式住居であるが、横穴に掘った住居もある。竪穴式住居は原始的建造物と感じられるかも知れないが、竪穴式住居を棟上げすれば、ついこの間、昭和三十年代までに日本各地の農村に見られた茅葺き屋根の建物となる。

最近の考古学は総合科学分野の感がある。まず時代測定が炭素の放射性元素の量を調べて、ある程度時代を知ることができるようになった。またヒトやイヌの遺伝子解析から民族間の関係が明らかになってきた。これはヒトばかりでなく、一番最初の家畜と考えられているイヌについても分かってきた。アイヌのイヌと沖縄のイヌのＤＮＡはとても近い関係にあるという。これはアイヌと沖縄人にも当てはまることである。動物ばかりでなく大陸から伝わってきたイネについても詳細な研究がなされている。アイヌの生活を詳しく知れば、おそらく縄文時代の人々の生活を知る上で多大の収穫が得られることであろう。

水稲栽培技術を持った人々の渡来

縄文時代にも既に山間地域で焼き畑を営む人々は陸稲栽培をしていた。ただ水稲栽培は陸稲と比べると遙かに収穫量が大きく同じ場所での連作も可能で安定性もあるが、それには灌漑用水の設置、育苗技術、田の管理など、多くの栽培技術が必要である。基本的には、この水稲栽培の技術を持った人々は朝鮮半島からやって来て、古墳時代・天皇陵を建造したと考えてよい。

内藤湖南は『日本文化史研究』の中で仁徳天皇陵造成の時代にかなりの人口規模で朝鮮半島から日本に移住したと考えられるといっている。また最近の研究では先住民と移住民の出生率と死亡率をもとに推計すると、移住民の相対比率は短期間でもかなり大きくなるという。仁徳天皇陵のような広大な造成物をつくるには相当の労働力と年月を費やしたことはまちがいなく、また土木技術も兼ね備えていたと考えるのが無理のないところだろう。

人口増加についても当時は栄養摂取のバランス、衛生管理、医療技術などの面でも現代とは比較にならないくらいに遅れていただろうから、たとえ十人の子供を産んでも無事に育つのはまれであったろう。縄文時代の寿命は三十五、六才であったらしい。

具体的な生活内容は縄文遺跡からある程度推定することができる。たとえば貝塚などから当時の食生活の内容、どんな動物や魚を食べていたか、発見された鏃から弓矢を使って狩猟をしていたことなども分かる。縄文土器の研究についてはかなり進んでいて、この土器の研究から縄文期の時代区分もなされている。

では縄文時代の精神文化はどうであったかというと、衣食住の面と比べて詳しくは分かってはいない。ただ縄文人は古アジア語族（パレオアジア語族）のチュクチ、コリヤーク、ユカギール、カムチャダール、ギリヤーク、北海道のアイヌの系列に近いものと考えられる。また現存する先住民族の文化を知ることで、縄文時代を生きた人々の精神文化をある程度はうかがえる。また精神文化を知る上で、葬制・墓制を調べることは、どのような死生観・他界観を持っていたのかを探る手がかりとなる。特に縄文後期に見られる環状列石（ストーン・サークル）は墓であると考えられているが、遺体の埋められていない環状列石（青森県大森遺跡）も存在する。いわゆる捨て墓と詣り墓の二墓制というやつである。現在でも東南アジアの方ではヒトには二つの魂があって、ヒトが死ぬとまず悪戯をする霊が肉体を離れ、良い霊魂が残るという。

儒教に霊という概念・言葉はないし、インドにも霊という概念はない。霊《ブガ》という概念は東南アジア独特の概念である。

縄文時代から弥生時代、そして古墳時代へ

この三つの時代の移行期に大きな戦乱があったと、在野の考古学者臼田篤伸は著書『銅鐸の秘密』の中で述べている。この論に限らず、内藤湖南も『日本文化史研究』の中で古墳時代の仁徳天皇陵が築造されたころは朝鮮半島から多数の移住者が日本列島に渡ってきたと書いている。最近の考古学者たちの論でも、弥生期に入ると集落の構が二重、三重の土溝で守られ、さらに柵のようなものが集落の周りに設置されていたことから、交戦は日常的に行われていたのではないか

と推測し、弥生期から古墳期に至る過程でもかなりの戦闘が繰り広げられてきたのではないかと考えている。特に葬送は民族によって固有な型を持っており、簡単なことでは変化しない。であるからにして弥生期の墓と古墳期の墓を比べると明らかになる。弥生期の墓の代表は前方後円墳である。これは朝鮮半島の旧馬韓勢力（六世紀前葉）の西南端の領域に前方後円墳が見られることから、弥生期に日本列島にやって来た人々はその朝鮮半島の西南端にいた人々と強いつながりがあることはまちがいない。

また古墳時代になると地域差はあるが日本列島から前方後円墳が消えて、方墳、円墳と置き替わっていく。これは明らかに新しく朝鮮半島もしくは中国本土から日本列島に移住して来た人々が残したものと考えるのが自然で無理のない推測であろう。おそらく朝鮮半島の北部の方に住んでいた人々であろう。なかには中国本土から追われて朝鮮半島にやって来た人々も居たであろう。後に日本列島で建てられた大和朝廷は律令国家を目指し、中国の支配体制をまねたことからも推察できる。

先住民の思い

ジュリアン・バージャーの著作『図説世界の先住民族』（明石書店一九九五）によれば、現存する先住民族は北極圏、ヨーロッパ、南北アメリカ大陸、アフリカ、オセアニア、南アジア、東アジアとシベリアの全世界に存在している。

　こうした先住民の人口は世界人口の四パーセント約二億五千万人に及ぶという。一九九三年五月にグアテマラで第一回先住民サミットが開かれて、世界に先住民族問題を訴えかけ、一九九四年から二〇〇三年までを「先住民族の十年」とした。ヨーロッパでの歴史観は植民地時代以前、植民地時代、植民地時代以後の三時代に分けられるとしている。日本人の感覚からすると、植民地はアジア地域即ちアフリカ、インド、東南アジアの国々に目がいきやすいが、現在軍備・経済共に最強となったアメリカも北アメリカ大陸の先住民を滅ぼして建国された国である。何百万の先住民が一千万頭のバファッローと共に殺戮された。また中南米のマヤ文明・アステカ文明、インカ帝国はスペイン人によって呆気なく滅ぼされた。ヨーロッパ人による先住民族、先住文明の破壊は凄まじいものであり、どうしても目は南方の地域に行ってしまうが、北極圏に近いシベリア地域においても同じく凄まじい侵略と破壊が行われた。西シベリアにいた数多くの先住民族はロシア人によって東に追われ続けて、残存する先住民族は北極圏に近い地域に住むチュクチやイヌイットで、カムチャッカ半島にいた先住民は早十七世紀半ばで殆ど純粋な血を持つ先住民は居なかったという。東アジアで最も勇敢といわれたコリヤークは徹底的に惨殺された。オーストラリア大陸では、先住民のアボリジニとの戦いでイギリス人が一人殺されると捕虜のアボリジニを十人殺したという。何とも凄まじい話だが、すべて史実である。

ヨーロッパ人の世界では「土地は人のものである」とするが世界の先住民の間では「人は土地のものである」とする。全く相容れない考え方である。全く相反する価値観・世界観である。ヨーロッパの世界では金がすべてを支配する。現在ではどこの国でも当たり前になってしまった。現在では貨幣は紙で造られる。この紙幣を高く積んだものが富を独占できる仕組みができあがってしまった。

私の父は昭和時代に映画館で映写技師をしていた。父が言うには欧米の戦争映画には必ず女が登場し、マカロニウエスタンの土壇場では必ず金の奪い合いになって殺し合う場面になるのを不思議というか、呆れ返ると、私に話してくれたことがある。

縄文時代と弥生時代

最近の考古学の世界では縄文時代と弥生時代を分けるのは余り意味のあることではないといわれるようになってきた。縄文・弥生というのは土器による時代の分け方で、日本独自の分け方だそうだ。縄文時代と弥生時代の弁別は水稲栽培（陸稲栽培ではない）が指標となる。

古代は天皇継承史

古代については歴史資料が少ないことも影響してか日本書紀と古事記をもとに中国の日本についての当時の記述を参考に書いたものが殆どで、宮本常一著『日本文化の形成』は異色なものと言ってよい。

縄文時代と弥生時代とに時代区分をしているがその大きなちがいは水稲栽培の技術が伝わった時期を境にしている。宮本常一によれば、この時期に水稲栽培をもたらした人々は越人と呼ばれた人々であろうといっている。揚子江流域から東シナ海に出て対馬海峡を抜け日本海に出て日本列島の北九州、山陰地方などにたどり着き、その地で水稲栽培を行った。また朝鮮半島に住んでいた高句麗・百済・新羅の人々も日本列島に移り住んだろうし、さらには中国本土を追われた中国大陸の人々も朝鮮半島を経て移り住んだにちがいない。日本各地に見られる四十数万といわれる古墳がそれを裏付けている。縄文時代に日本列島に住んでいた人々と水稲栽培を伝えた人々は異なる民族に思われてならない。

まず頭に浮かぶことは四十万ともいわれる古墳を造成する労働力をどこから得たかということだ。前方後円墳と呼ばれる墳丘の中には縦が三百メートル、横が二百メートルを超えるものがある。このような規模の墳丘はブルトーザーのような重機をもってしても容易に達成することはできない大仕事だ。これを人力をもって造成するとすれば、墳丘自体だけではなく、墳丘を囲む壕や、墳丘を石や墳丘上部に配置する埴輪や、さらに墓内部の造作など、驚くべき労働力を要したことはまちがいない。これらの労働力を古墳文化を持った朝鮮半島や中国大陸からの移住者だけでまかなったとは考えられず、日本列島に住んでいた先住民をつぎ込んだことが推測される。

先住民たちの墳墓は存在するのか

先住民は土地を奪われ、ことばを失い、消え去るか、変貌を余儀なくされてきた。祖先から受け継いだ土地を失うことは生活基盤を失い、経済的な裏付けを失うことだ。言葉を失うことは、自分自身の由来、自分が誰であるか分からぬことになる。教育という名の文化破壊によって征服者の同化政策が推進されることになる。人間の思い上がりは人間が神になった時から始まる。そんなに難しいことではない。

森有正の二項問題について

森有正は日本には純粋な第三人称は存在しないという。第一人称と第二人称で人間関係が成り立っているという。日本の集団が第一人称と第二人称で成り立っているということは共同体意識が日本の集団を覆っていることを意味している。共同体とはその構成員が互いに熟知していることで初めて成立する。即ち共同体の構成員であることは、共同体の人間関係の中では第一人称と第二人称の関係があるだけで、第三人称の関係はない。未開社会と呼ばれる社会は共同体と捉えることができる。未開社会の構成員は互いに熟知しており、知らないものはいない。即ち第三人称で指し示す人間は、その集団内にはいないことになる。よって人間の孤独感を味わうことなく日常生活に浸れる。

欧米のやり口

欧米の文化は異文化に属する人々に対しては徹底的に虐待し、それらの人々が再び立ち上がれる体力を完全に失ってから、初めて保護の手を差しのべるふりをする。だが欧米人の本心は保護する意志など全くない。欧米人は常に自分が優勢圏内におり、その圏内を保護する柵が異文化の人々に破られないという保証を持った上で保護活動を行うのである。これが欧米社会の常套手段で、自然保護の絶滅危惧種本（レッドデータブック）というのが最たるものだ。先住民社会の間では数千年、ひょっとしたら数万年にも渡って自然界にある植物・動物について育んできた知識をもとに、それらの動植物を絶滅させぬように利用してきた。

小規模な共同体の存立を認める社会（国）の建設

民俗学者の柳田国男は膨大な著作を残した。柳田は姑息な保守主義者と思われがちであるが、「人の社会は、人の意志でつくりだすことができる」と述べている。また柳田の弟子の宮本常一は、日本各地を旅し人々の生活について興味深い著作を書き残している。

どのような社会をつくるのか。最近読んだ『レヴィ・ストロース講義』でレヴィ・ストロースは五百人の社会と五千人の社会は異なると述べていた。人間が互いに顔見知りになれる人間集団の最大人数は個人の能力にもよるのだろうが存在するのだろう。最小集団のあり方として互いに顔見知りになれる構成人数の規模を基に、社会を形成していくことが望ましいだろう。この集団を集積することによって地域社会が成立し、町や市などの大規模構造の組織ができ、やがて国家という組織が成り立つ。歴史的に先住民が土地を奪われ、やがて言葉を失い滅んでゆくのは、外から侵入した外敵を防ぐ軍事的な力を持たなかった為である。持っていたとしても侵入者の軍事力にはとうてい及ばなかった。特に銃器・爆薬などの兵器の前には弓矢・石斧では太刀打ちできなかった。アフリカ然り、オーストラリア然り、北アメリカ、メソアメリカ、南アメリカ然りである。これらは誠に凄まじいことで、オーストラリア大陸ではアボリジニが、ニュージーランドではマオリが、北アメリカ大陸ではインディアンが、メソアメリカと南アメリカ大陸ではインディオが殺戮・強姦、ありとあらゆる暴虐にさらされてきた。アフリカ大陸においては奴隷狩りで北アメリカ大陸、メソアメリカ、南アメリカ大陸へ奴隷船で一千万人もの黒人が運ばれた。

先住民族への取り組み

先住民族を将来どのように定着させてゆくかはその先住民族を侵略した国家が責任を持って取り組むべき問題であると考える。その根拠は彼ら先住民族の人々から土地を奪い、教育という名の文化破壊を彼らに対して行ってきたからである。もはや民間団体や善意による気まぐれな救済手段では解決できない。彼らに先祖伝来の土地をできうる限り返還し、彼らの言語による教育環境の整備を援助し、彼らの文化活動に徹底した不干渉政策をとることである。

彼らへの後方支援として、人口抑制と医療体制の拡充は必要なことだろう。基本的には彼らの自立と意思が尊重されるべきであろう。彼らが自らの言葉・文化を育んでいかねば、彼ら自身の存在が雲散霧消していくことになる。果たして彼らにそれだけの精神的エネルギーと体力が残されているか。

先住民族と環境問題

西欧社会の生んだ自然科学は短期間の狭い時間、狭い領域では絶大な効果を上げるが、環境問題に対しては長期間の視点が必要であり、また複雑多岐にわたる影響や関係を考えなければならない。産業革命で大量の生産物がつくられ、それらが大量に消費されてゆく。自動車が発明された時、誰が排気ガスによる大気汚染を予測したであろうか。農薬が発明されて農産物の生産高が飛躍的に伸びた時、その残留農薬が世界中の海に拡散することを誰が予想したであろうか。現在では農薬だけでなく、種々の人工製造された化学薬品が世界中に拡散しており、様々な化合物が地球上の生命体に影響を及ぼしていることが明らかになってきた。その場面で我々が直面したことは、具体的にそれらの化合物が複雑に絡み合って影響を与えていることを読み解くことは不可能に近いことであった。水俣病は有機水銀、イタイイタイ病はカドミウムによることが突き止められたが、原因不明の多くの病気にも、人間の造り出した化合物が影響している可能性は否定できない。現代の農業では、合成肥料・農薬なしの方法は考えられないところまで来ている。

柳田国男の言葉

柳田国男は「人の社会は、人の意志でつくり出すことができる」と述べている。何とも心強い言葉ではないか。人が孤独から抜け出すには人の輪に入ってゆかねばならない。そうでなければ自分自身で人の輪をつくってゆかねばならない。西欧文化は合理的な科学的思考を創り出した。その合理的思考が果たして万能かというとそうでもない。特に環境問題や生物界のことを考えてゆくと、その合理的思考は短時間的にきわめて有効な方法となるが、何百年、何千年と長期間になると効力を発揮しなくなる。西欧の合理的思考は空間的にも時間的にもごく狭い範囲での有効な方法なのだ。特に生物界における種の保存の為に、繁殖地には人が入ることを禁じ、当然狩猟や漁労を行うことを禁止した森の神域や漁労の禁止区域を先祖代々受け継いできたことは、人が数百年あるいは数千年に渡って培ってきた英知である。

オクタビオ・パスの考察

メキシコ人は孤独であるという。自分の心の内を話すことは自分を失うことだという。祭りは日常の孤独を発散させる意味を持つと述べている。レヴィ・ストロースもパスも、人間の存在とは関係であると言っているから、未開社会や先住民社会の共同社会（二項関係が成立している社会）を失うことは、自分の存在を失うこと、即ち自己喪失を意味する。逆に言えば共同社会にいることは孤独を回避することを意味する。このことを考えれば、先住民が土地を失い、言葉を奪われ、自分の存在・自分が何者であるのかを見失い、薬物やアルコール中毒に走るのは納得がいく。オクタビオ・パスによれば、人間とは関係の中に生きる動物なのだ。人間の精神を蝕むものは孤独なのだろう。監獄で一番重い刑罰は暗黒の独房にぶち込むことだとラーゲリの体験者が本に書いていたことを思い出した。

仏教が説く眼耳鼻舌身意を通して知覚する対象物も、特に自己と他者との間の認識の問題、即ち第三者との無関係という関係を認識する作業に他ならない。この場合、今の関係というよりは関係性と名づけるべきだろう。なぜなら対象物によって認識する感覚器官は異なり、視覚を使う場合でも色の認識であったり、形による認識であったりして関係というよりも、もっと広い意味が考えられるから関係性という語を使うことにする。

この関係性は人間が意志を働かせなければ生じることはない。最初からあるものではなくて、自己の意志をその対象物に向けた時に、初めて存在（自覚）したことになるのである。

先住民のなすべきこと

まず第一に言葉を取り戻すことだ。次に自分らのコミュニティをつくり上げることだ。この二つができれば先住民族の文化と伝統は消えてなくなることはない。要するに自分たち先住民族の自信と誇りを持つことだ。これは難しいことなのだろうか。私にはとても簡単なことに思えてならない。外から受ける攻撃と圧力に屈しない勇気を持つことだと考える。オーストラリアのアボリジニの人々の話を読んでみると、彼らは西欧文化に屈することなく、自分らの文化と伝統を失うことなく、彼らの先祖が何千年も送ってきた自然との共存生活を現在でも楽しんでいるようにうかがえる。

オクタビオ・パスによれば、北アメリカ大陸のインディアンたちは徹底的に抹殺され、最下層の市民としても受け入れられなかった。それに対して中南アメリカのインディオは最下層の人々として生き残ったと書いている。それはプロテスタントのアングロサクソンが北米大陸を侵略したこととと、カトリックのスペイン人が中南米大陸を侵略したことに大きなちがいがあると指摘している。

如何に住みよい社会をつくるか

私たちが住み心地のよい社会をつくるのには私たちの日常生活の送り方にかかっている。そんなに難しいことではなく、肩肘張らずに隣近所の人たちと仲良く暮らしていくことだと思う。日常生活が毎日快適に過ごせることである。根本にこれがなければ、生きていて楽しくはない。いくら小難しい民俗学だの文化人類学だのと言っても始まらない。人間が社会的動物である限り、人との宥和が必要十分条件となる。人との関係で住み心地のよい人間関係で結ばれた社会を構築していく必要がある。日本の昔の社会、特に村社会と呼ばれた組織には、強い村落共同体という村人たちの組織があり、これは村人たちの間で共同作業を通じて培われた共同体意識により、つまり村人たちの間には自分たちは同じ人間なのだという意識が息づいていたのである。

アイヌとかイヌイットとかの言葉の意味は人間という意味であるという。これは将に彼らのつくり出した社会そのものを成り立たせている個人個人を表した言葉にちがいない。アイヌとかイヌイットとかの人間集団を形作っている個人個人のイメージが、彼らの集団を成り立たせている諸々の機能・役割を備えた人間そのものを表しているにちがいない。

先住民社会は基本的に第一人称と第二人称の人間関係で成り立っていると考えて良さそうだ。豊穣をもたらす神も、荒ぶる神も自分らの圏内に住む神なのだ。おそらく第三人称の存在としては交流のない他部族が第三人称に相当するのだろう。第三人称の世界を考えて行くには合理的思考が威力を発揮する。合理的な科学的思考法が編み出されたのは西欧社会である。それもカトリック修道院の中から反逆児のようにして生まれてきたものである。この合理的な科学的な手法と呼ばれるものは理論を構築していく過程でその理論を裏付ける実証を常に行っていくことが必要とされる。そしてその特徴は誰もが同じ理論の構築・展開を実証を通して確認できるということである。

ところが、この客観性を備えた合理的思考法も、対象が環境問題や人間の内面問題のような複雑多岐にわたる問題に対しては威力が鈍る。一つの論理的道筋をたどる時はすばらしい効力を発揮するが、問題が複雑化すると単純に効力を発揮することができない。

いちど崩された先住民社会を復興することは可能か

まずは言葉の回復であろう。アイヌの場合には二〇一四年の時点で、殆どアイヌ語をしゃべるアイヌは殆どいない。アイヌ語教室を北海道の各地で開催しているが、果たしてその効果は如何ばかりであろう。まずはアイヌの言葉を取り戻すことが第一であることはまちがいない。

第二はアイヌがアイヌであるコミニュティ（生活共同体）をつくることである。たとえばアイヌ村のような組織を立ち上げることである。

第三は奪われた生活圏、失地回復である。これは一番困難な課題である。これは日本国からの独立を半分は意味するからである。旧ソ連や中国のように、自治共和国を設立することは、日本国内の県組織のような公共団体でも、予算配分や税制、国の統制の制約を受ける中ではかなり難しい。現実的には横浜や神戸にある中華街、東京新大久保・大阪の朝鮮人街のような形にとどまるかも知れない。

少なくとも言葉を取り戻し、アイヌの共同社会を再構築しないことには何も始まらない。そこから二〇〇四年のアイヌの歩みが始まると考える。

先住民族の文化を支えるもの

先住民族の文化を支えるにはどんなものが必要であろうか。幾度も述べているように、まず第一に先住民の言葉を使うことである。その先住民の言葉が生きていることが必要である。その言葉でものを考え、生活していることが基盤となる。外国語のように片手間に使われているのでは、生きている言葉と呼ぶことはできない。アイヌの場合は初等教育から日本語で教育を受け、生活様式も日本式である。確かに生活様式を昔のままに守り続けることは不可能である。年中行事の幾つかの慣習を維持するのがやっとのことだと思われる。現在アイヌの人々の中でアイヌ語を使える人々は果たして幾人いるのだろう。もはやユーカラや踊りの中でしかアイヌ語は残っていないのかも知れない。数年前に平取のアイヌ民族博物館を訪れた時、アイヌの人々の日常会話を聞きたいと尋ねたが聴くことができなかった。保存されているのは歌や踊りの言葉であった。近くに萱野茂氏が創設したアイヌ資料館があったが、そこに居た女の人にも日常会話のテープがあったら聴かせてほしいと尋ねたが、聴くことはできなかった。その当時で日常会話が残されていなかったということは既にアイヌ語は滅んでしまったと言ってもよい状態であったのかも知れない。実際に初等教育の段階でアイヌ語を教えたと言う話はまだ聞いたことはない。

しかし北海道の地名がアイヌ語で示されているのは周知の事実である。北海道のアイヌ語地名が数多く残されたのは松浦武史郎の尽力によるところが大きく、その地名が北海道全土に及ぶことから、アイヌの人々の生活の場が同じく北海道全土に及んでいたことが分かる。

どのようにアイヌ文化を伝承すべきか

先住民族の文化を遺物や文献の形ではなく、生き生きとしてこれからも日常生活の中で生かして行くにはどうしたらよいか。これが一番の課題である。学問分野としてのアイヌ民族学ではなく、現代を生きるアイヌが生活の糧としうるアイヌ文化と伝統を育んで行くには、どうしたらよいかが問題である。瑣末的なことは考えずに、純粋なアイヌ文化というものを考え選び抜いて後世に伝えてゆくことができれば最高である。これ以上のことはない。日常生活の中でアイヌ文化と伝統を守り、さらに発展させていくエネルギー（活力）を持つことが必要となる。それには生まれた時から、子供にアイヌ文化を教え込んでいかねば、本物のアイヌは生まれてこないだろう。博物館や資料館、文献・書物をいくら読みあさったところで、アイヌ文化や伝統は生まれてこない。少なくとも日本の幾つかの都市に見られる中華街や朝鮮人街をつくって自分らの文化を守っていることが参考となろう。

少なくとも初等教育課程でアイヌの子供たちにアイヌ語を学ばせる機会を是非、与えてほしいと思う。まずは自分らの言葉を取り戻すことから出発せねばならない。アイヌの文化と伝統を守るには、まず自分らが自信を持つことである。自信を持つ勇気を持つことである。これさえあれば、そう簡単に外来の文化に屈することはない。強さとは何か。自信を持つことである。

先住民族の核心を受け継いでゆくには

先住民族の彼らが伝承芸能とか歌謡とかの形ではなく、日常の言語として彼らの固有の言語を使って暮らしてゆけば、数百年後か数千年後に、彼らの祖先が自由に活躍していた土地を回復する機会が訪れるかも知れない。現在の世界は鉱物資源はもちろんのこと生物資源まで西欧世界が独占していると言っても過言ではない。科学的・論理的思考による西欧文化が世界を席巻している。まずアフリカ大陸が浸食され、アジア大陸、南北アメリカ大陸、オセアニア大陸と、南極大陸を除いて西欧諸国の食指に掛からないところはないと言ってよい。

日本は例外的な国でG7では唯一の非西欧国である。明治維新から第二次大戦までは、アジア諸国の西欧の侵略に対する防壁となることなく、西欧列強側に組し、同類の侵略者として変貌を遂げた。これは歴史上において日本の汚点ではないのか。

幕末の多くの志士たちが、外圧によるアジアへの侵略を目の当たりにした時、渾身の力を振り絞って奮い立ち、新しい国を日本につくり出そうとしたのではないか。それを日本の自己保存の為にだけ、国の進路を定めてしまった。明治維新は志士たちの新国家建設とはならずに王政復古となってしまい、この体制は日本の第二次大戦の挫折まで続くこととなった。

第二章　山岳信仰と浄土思想

日本において初めに影響を与えたのは仏教であろう。仏教の淵源をたどればヒンズー教にまで遡ることになる。インドで一番古い宗教文献はヴェーダと呼ばれており、仏教のある部分はヴェーダに由来すると考えられるところもある。現代においてもヒンズー教徒の人々は仏教はヒンズー教の中の一派であるという。実際に胎蔵界曼荼羅に帝釈天、梵天が東の一番上に描かれており、ヒンズー教徒と深いつながりがあることを示している。このヴェーダは紀元前千五百年ころまで遡る古いものである。現在残っているスッタニパータ（ブッダのことば）は仏陀の発した言葉をまとめ、さらに仏陀の死後も弟子たちが付け加え、おそらく数百年に渡って加筆修正されてきたものが現在伝わっているものであろう。中村元訳スッタニパータ（岩波文庫）を読むと、あまりにも平凡・平易なことに驚かされる。われわれがよく目にする般若心経や葬式の時に拝聴するお経の難解な何が何だか訳の分からない文句と雲泥の差があるからだ。モーゼの十戒というのがあるが、それと似たようなことが書いてある。たとえば他人のものを盗んではいけない。他人の妻と交わってはいけない。他人を憎んではいけない。他人を羨んではいけないとか当たり前のことが書いてあり、欲望を捨てて穏やかに暮らしなさいとか、ごく普通に述べている。

スッタニパータの神髄は、「生まれによって卑しい人になるのではない。行為によって決まるのだ」というところである。インドの厳格なカースト社会にあって、どの階層に生まれたかによって人間の価値が決まるのではなく、人生において何を為したかによって決まるのだという平等思想とも言える価値観（考え方）は強烈な衝撃をもって人々に受け入れられたにちがいない。十番目のコーカーリヤの段に初めて紅蓮《ぐれん》地獄の話が出てくるのだが、これが日本で浄土教として定着した原点なのだろう。浄土教から浄土真宗が派生して、この宗派は一向宗とも呼ばれ、戦国時代を初めとして日本列島中部において一向一揆として猛威をふるった。この一向一揆の影響は江戸時代になっても及び、薩摩藩は耶蘇教と一向宗には徹底的に弾圧を加えた。やはり仏教思想の根底にある平等思想が支配者たちから恐れられたのである。また耶蘇教も然りである。

浄土には弥勒浄土と阿弥陀浄土があるのをご存知であろうか。弥勒浄土とは弥勒菩薩が常住説法している兜率《とそつ》天へ往生しようという弥勒上生経に基づく信仰で、日本では興福寺や、園城寺、元興寺の本尊として弥勒仏が安置された。興福寺の半伽思惟像は美術品として名高い。松本文三郎が書いた『弥勒浄土論』によれば、「弥勒の名は誠に結構であるがこれは唯慈悲の一面を表すのみであって、知の方面に至っては秋毫もこれを顕しては居ない」と書き、「阿弥陀の名号は斯く判然はしていないが、しかし阿弥陀には明らかに無量光と無量寿とを以て解釈してある」と述べている。無量光は知であり、無量寿は悲である。また如来は修行を完成した者の称で、菩薩とは悟りを求めて目下修行中の者という意味である。菩薩は四千歳を生きながらえて後に再び生まれ変わって如来となるのである。この観点からも阿弥陀浄土の完全性が人々に受け入れられたのではないだろうか。阿弥陀如来の両脇には勢至菩薩と観世音菩薩が従っている。勢至菩薩は智を観世音菩薩は慈悲を表している。

奈良時代に国ごとに国分寺が建てられた。地方に分散していた分立国家はおそらく一定の部族あるいは姻戚関係にある一族で、部族神（氏神）を祀っていたが、統一国家を目指すには、言い換えれば互いに異なる部族が支配・統合する為にはそれぞれの部族神（氏神）ではまとめることはできない。より広範な共通項を見いだせる最大公約数的な要素を持った精神的支柱を打ち立てねばならない。そのやくわりを担ったのが仏教である。

猿は自分の産んだ子がすぐに死んでしまうと、一ヶ月ほどは手離さないで持ち歩くという。だが猿は墓をつくらない。その後そこら辺に放置してしまう。縄文時代には既に墓があった。考古学者によれば、墓をつくるのは人間だけだという。三内丸山の縄文遺跡にある住居跡には子供が埋めてあった。これは想像するしかないが、成人の死とは異なる感情を子供の死に対して抱いていたことが推測される。縄文後期には環状列石と名づけられた集合墓または合同祭祀の施設と考えられている大規模な遺跡がある。この環状列石には墓（土坑墓）のあるものとないものとがある。この環状列石の形から土坑墓のないものも葬祭に関係する施設であったと考えてよいだろう。

死者に対する思い、追悼を表したものにちがいない。これは祖先崇拝につながってゆく。

柳田国男が一生涯かけて発見したのは日本人の祖先崇拝であった。この祖先崇拝というのは多くの部族・民族に見られるもので日本人にだけ特徴的なものではない。縄文人の死生観は縄文人に聞くしかないのだが、われわれ日本人も縄文人のＤＮＡを引いているのだから、全く考え違いもなかろうかと思われる。現在伝えられている昔話や民話は、縄文人とはいかなくとも昔の人々の死生観の一部を垣間見ることができる。あの世の話とか黄泉の国の話とかである。

歴史的に仏教が民衆に息づいて活動したのは戦国時代の一向一揆ぐらいではなかろうか。奈良時代は、朝鮮半島から移住して来た民族は自分等の氏族神を信奉していたが、先住民族を武力だけでなく心服させる為に平等思想が根幹にある仏教を導入した。これは支配者たちの言わば上からの上意下達というお仕着せであった。だが念仏経の登場によって一気に民衆の間に浄土真宗が広まった。難解な経文を学ぶことなく、唯南無阿弥陀仏と唱えるだけで極楽浄土への道が約束されるという単純明快な仏教世界が開かれた。

先住民族の神々が仏陀と置き替わったことを物語る象徴的な伝説がある。富山県の郷土史家広瀬誠の『立山黒部奥山の歴史と伝承』に猟師が熊を射るとそれは如来であったという話が書かれている。熊祭りというとすぐにアイヌの話になるが、熊を神とする多くの北方狩猟民族は東アジア・シベリアに分布している。熊祭りというのはアイヌだけのものではないのだ。日本列島にいた先住民族が彼ら固有の神々を捨てて新しい阿弥陀如来を受け入れたことが、この伝承からうかがえる。

今日ほど都会と地方とに大きな違いが現れたのははじめてではないだろうか。都会に生活していて、たまに旅行に出かけると何か時代に取り残された気持ちになる。これは首都圏にいると世界と結びついているような感覚とでも言ったら良いであろうか。世界の最新情報と自分がつながっている感覚に陥るのだ。ところが東京、首都圏と離れたところにいると世界の情報から隔絶されていると感じるのだ。十一年前に小田原から青森県の岩木山の麓に移住したとき、年齢のせいもあるのか、首都圏から離れても住んでも、世界の情報から取り残された感覚はなかった。テレビ、パソコン通信、携帯電話などでの通信が進歩した為か、神奈川県の小田原や東京にいた時に地方に出かけた時に受けた疎外感は感じなかった。これは加齢により感覚が鈍くなっただけとは考えにくい。やはり人間はある情報量の海の中で泳いでいるもので、情報量の海の大きさを、若い精神活動を持っている時には敏感に、都会と地方の情報量の海の大きさの違いを感じ取っているのかも知れない。

やはり家族関係も都会と田舎では異なる。現在では三世代同居の家族というのは珍しく地方の農村や漁村にでも行かないとなかなかお目にかかれなくなっている。現在では夫婦・子供の二世代同居が平均的家族単位である。老人世帯においては独居の場合もまれではない。老人世代に限らず独居をしている人は多い。人間の存在の仕方が独居生活となりつつある。特に都会における住宅は貧弱で、結婚前の若い人たちは一部屋のみのアパート暮らしは標準的であるといって良い。そこでは今まで生活してきた過去の生い立ちが生活をする精神的なよりどころとなる。地方から出てきて新しい集団組織に組み入れられ、多少に関わらず、会社組織・生産組織の中に組み入れられ、組織の中の一員として生活してゆかねばならない。一匹狼を気取る芸術家も例外ではない。生きていく為には何らかの生活基盤が必要である。毎日何かを食べ、何かを飲まなければ飢え死にしてしまう。

食物を自分でつくらずに生活してゆけるのは人間のみである。法務局の出張所に登記に行った時に、書面に記録したり、書類をコピーしたりするだけで給料をもらっている。書類をいじくり回したり、書き込んだりするだけで飯が食えるんだと気がついて感じ入ってしまった。弁護士とか行政書士とかはその最たる職業だ。国とか県とか行政組織とは人々を如何に支配するかを前提とする。人々から富の収奪を如何に効率よく行うかを考え実行する組織といえる。

一番変わりにくいと考えられる葬制でさえ忘れ去られることがある。現にアイヌがその例だ。アイヌ文化の伝統を守ってきた平取の萱野茂氏の弔いがそうだ。私は出席していないが参加した友人によると仏式で挙行されたとのこと。アイヌ資料館の建設や、様々なアイヌに関する本を書かれたアイヌの血を引く巨人が亡くなったというのに仏式の葬式を上げたというのはなんともさびしい気がした。アイヌの伝統文化はもはや文献の中の出来事や話となってしまったのか。残念でならない。日本列島に実在する多くの祭りも、元の祭りを執り行う意味は遠い昔に失われてしまって、形だけが現代に伝わって行われているのだろう。日本人の生活もこの昭和三十年代を境にして大きく変わってしまった。トイレは洋式になり、食生活も洋式化し畳の生活から床・椅子の生活が多くなってきた。衣食住の全般にわたって日本人の生活が変化してきたのだ。さらに文化的活動にも着目すると、日本の音楽教育はドレミファソラシドで始まる。西洋音楽を初等教育の時期から教え込むのである。おそらく西洋音楽を初等教育から教えているのはアジアでは日本くらいなのではないだろうか。

欧米の音楽や、実際にドレミファソラシドで育った子供たちは、西洋音楽それもロックやポップ・ミュージック等に夢中になる。これは世界的現象かも知れないが。日本には数え切れない民謡があるが、既に代表的な者を除いて殆ど歌える人もいないし、それらの歌を聴こうとするものも、民謡を専門に受け継ぐ人々を除いて殆どいない。人間の日常の喜怒哀楽を表すのは歌と踊りであろう。民族によって歌と踊りはそれぞれ皆異なる。同じ歌や踊りはないのだ。歌や踊りは民族の顔と言ってよい。狭い日本の中でも各地方に伝わる伝統の歌や踊りは祭りの中に辛うじて生きている。しかしながら昨今、祭りを行わない町や村も出てきている。行わないと言うよりは行えないと言うべきだろう。年寄りばかりで祭りを運営することができないのである。

仏教が民衆に及ぼしたもの

果たして仏教がどの程度、日本の民衆に影響を与えただろうか。現代では子供の誕生ではお宮参りをし、キリスト教徒でもないのに教会で結婚式を挙げ、葬式は坊さんに頼むというのは珍しいことではない。祖先崇拝、祖先供養というのは仏教以前より続く習慣・風俗と考えられる。もともと仏教の教えは難しいものではなくモーゼの十戒に似た訓戒である。岩波文庫『ブッダの言葉』を読めば素直にブッダの教えが頭に入ってくる。ところが浄土教三部経の漢訳を読むと複雑怪奇この上きわまりない。その当時、日本に伝来したのは漢訳の経典であることから難解となったことは当然であろう。一方、浄土教三部経の原典から直接日本語に訳したものは平易で私の頭でも理解することができる。

ブッダの教えで最も感心したのは、「人の尊さは人がどんな階層に生まれたのではなく、人生において何を為したかで決まる」と言っていたことだ。そのブッダ本人は釈迦族の王子であったのだが。人生において何を為したかで決まるということは、どのように生きてきたか、即ち現在もどのように生きているかを意味している。山の姿や海の姿は変わらず毎日同じように見えるが、長い時間がたてば驚くような変貌を遂げる。目に見えない風や気温の変化は視覚では捉えることはできない。さらに仏教でいう眼耳鼻舌身意をこえたものも存在するかも知れない。

しかし不思議である。生まれて生きていると感覚を通して色々なものの存在を確認することができるのである。死んでしまうと何もかも消えてしまうのである。ものの存在を知ることができるのは、生きていて初めて可能なのである。自分が死ぬことはものの存在を確認することができなくなることである。果たして生きている今、眼耳鼻舌身意で知覚する世界は本当に実在するのだろうか。とすれば死んでしまって消滅してしまう知覚した世界は依然として存在し続けるものであろうか。この答えは、自分の肉親が亡くなった場合を考えると明確になる。当たり前の話だが死んだものとの会話をすることはできない。生きている間は肉親と会話ができており、同じ人間として肉親を感じ見ていたはずだ。その同じ人間が亡くなっても、自分は肉親の生きていた当時の連続として周りの環境を認識することができるのである。ということは、眼耳鼻舌身意で知覚し世界は実在していたということか。

次世代の問題

地球環境の問題は将来にわたって続く。宮本常一によると瀬戸内海の海の色が青かったのは昭和初期までだったと書き残している。おそらく陸上の農業では牛馬に替わって耕耘機が、漁業では動力船が普及してからだろう。（昭和三十年代半ばが環境汚染の始まりだろう）人間の造り出した化学物質は一般家庭の台所洗剤や衣類用の洗剤、トイレ洗浄剤に使われるようになり、その量は相当な量に上る。日本国内だけでも数万トン単位使われて、その後、海に流れ込んでいる。最近よく聞くのは貝類がとれなくなったという話である。これは船の底に海藻や海生物が付着するのを防ぐためにＴＢＴ（スズ化合物）を塗料に混ぜて塗ったためである。このＴＢＴは貝類のホルモンと同じ働きをする効果があり、オスがメス化して子供を作ることができなくなり、やがて貝類がいなくなるという。人間の造り出した化合物が生物に影響を及ぼした一例である。

ブッダの教え

ブッダの教えは、そんなに難しいことではない。たとえば物事を考えるとき、また考えたことを行動に移すときには、論理的に考えて理屈に合わぬことはせぬようにとか、視野を広げて判断を下さねばならないと諭している。浄土教三部経の中国語訳を読んでいくと、その難解さは暗号解読をしているような錯覚に陥る。用語は至極難解で用語解説を熟読してからでないとちんぷんかんぷんである。いや、用語解説を読んでも難解である。一方、インド原典からの日本語訳はきわめて平易で、日常生活における人の行うべき指標の様なことをまとめてあるように受け取れる。仏教即ちブッダの説くところは、自分の欲望をコントロールしなさいということで、そんなに難解なことを言っているのではない。が、実際に欲望をコントロールすることはきわめて難しい。また感情をコントロールすることもきわめて難しい。三十代の頃に日常的にきわめて精神的不安定の状態になり、一時的に自殺ということも頭をかすめたことがあった。その当時、精神分析や心理学の本、神経症・ノイローゼの本、鬱病・精神分裂病の本などを読みあさった。四十代、五十代と年を重ねるごとに感情の起伏や精神状態の明暗というべきか、躁鬱状態というのか、その落差・段差がだんだんと小さくなっていった。老齢による感覚の鈍化かも知れぬが。

日本人の信仰心　一

日本人の由来については、国語学・民族音楽・民俗学・分子人類学・日本の農耕文化の由来など、おそらく未だ知られていない分野からのアプローチも可能かも知れない。とにかく現在の時点で考えられるところから始める。ここ二十年ほどの間に縄文後期には狩猟・採集の文化だけではなく、農耕が成立していたことが確認され、今までの縄文文化に対する捉え方が考え直された。学校の教科書で教えられてきた縄文時代は狩猟・採集の文化で弥生時代は稲作と共に歴史時代および現代に連なる日本文化が創り出されてきたという内容である。ただ冷静に考えてみれば西シベリア、中央シベリアで狩猟を行ってきた少数民族の人々は農耕をして畑を作っていたという話があるから、そんなに不思議なことではない。一番象徴的なことは、青森県の三内丸山の縄文遺構から栗の実が出土し、それらのＤＮＡが一致したことである。このことは取りも直さず、自然界ではバラバラに生えている栗の遺伝子が一致することはないので、これは栗が人間の手によって選別されて栽培された結果である。

最近はやりのヒトのＤＮＡの解析でも、日本列島に現在住んでいる日本人についても、一番古い、つまり一番はじめに日本列島にやって来た人々は東南アジアの人々であり、次に北方系の人々そして一番最後に天皇系を中心とする日本列島に国家を創ってきた人々となる。万世一系がまちがいなく伝承されてきたなら天皇は金正恩らと全く同じ朝鮮人ということになる。それは日本列島に古墳が多く見られ、古墳時代まで時代区分が為されているが、朝鮮半島の古墳群と見事に重なる。奈良・平安朝廷は、朝鮮半島からやって来た人たちが創ったと考えて良い。そして先住民であった人々と朝鮮半島からの渡来人が混血して成立した武士集団が打ち立てたのが後の鎌倉幕府から江戸時代に続く時代である。

明治維新というが、これは明治復古というのが正しいと考える。幕末に多くの志士が血を流し、新国家を打ち立てようと獅子奮迅の働きをしたが、結局、新政府は薩長・佐賀・土佐の分捕り合戦となってしまった。まず後発の佐賀と土佐が退けられ、西南戦争で事実上薩摩は歴史上から引きずり下ろされ、長州のひとり舞台となってしまった。明治憲法もつくられたが民主憲法とはならず、天皇を頂点におくこととなってしまった。これは太平洋戦争後も民主憲法とする機会があったのだが、明治以来の戦争に行かなかった生き残りの者たちの策略で、天皇に統帥権こそないが、殆ど明治憲法と同じような日本国憲法がつくられた。

日本には憲法学者、歴史学者はいないのだろうか。疑問に思うばかりである。中国の歴史家司馬遷は男根を切除され、精巣を抜かれても事実を書き続けた。日本にそうした歴史家を見つけ出すことは難しい。幕末の志士たちや学者、明治から無政府主義者と呼ばれた一握りの人たち、日本においては古今を通じて、御用学者、権力側に立つのが知識人のたしなみと考えているのだろうか。あきれてものが言えない。　日本人の信仰心の特徴は、とても素朴な心持ちにある。石や草木に魂が宿るというものである。

私は久保田展弘の『修験の世界』にあった葛城連峰の写真を見て、その山容にとても懐かしさを感じた。写真を見ただけでそれだけの感動を受けるのだから本物を見たら何を感じるのかと思って御所市から撮ったという葛城連峰の景色を見に行った。御所市から見る葛城連峰は荘厳というよりも、本当に懐かしい気がした。実際に葛城山頂にある宿に一泊し、翌日は金剛山に登った。数年後、大台ヶ原と、大峰奥駆け道を山上ヶ岳から大普賢岳、行者還岳、弥山、八剣山と縦走した。洞川から山上ヶ岳への登り口には女人禁制の門があった。途中、力水が湧いていてカップ一杯飲むと不思議と安心感というか力が湧いてきた。山上ヶ岳の山頂から望む山並みは心の底から懐かしいと感じた。大げさかも知れないが初めて見る景色ではない印象を強く受けた。信仰は理屈で考えることではなく、感じること、体験することだと思う。

とかく民間伝承や昔話が、いい加減でデタラメな作り話のように考えられているが実はそうではない。過去の出来事を忘れぬように分かり易く端的にその内容を表している。むしろ文字に起こされた文章は書いたまま残るが、都合の悪いことは削除したり隠したり、恣意的な変更が自由にきく。民間伝承や昔話は不確かなものと思われるが、これらは多くの民衆の中に伝わり、受け継がれてゆく話なので、多くの人々の間で話され、少々の変容はあるだろうが、自然と客観性を備えてくる。少々の粉飾はあるだろうが、話のあらすじは変わらないで伝えられていると考えて良い。

信仰心は自分では手に負えない病気とか、親・子供・兄弟を失った救いようのない悲しみ、もっと単純に五穀豊穣を祈ったり、家内安全・災厄の無いように願うときに自然に生まれてくる。このような日常生活で困難な問題にぶつかったとき、悲しみや苦しみを少しでも軽くするように自らの意志で、自分自身に言い聞かせる試みと言えるかも知れない。

日本人の信仰心　二

おまえに信仰心があるのかと問われれば、即座にあるとは応えられない。私は神や仏に不信心であると普段から思っている。特に神社の前では胡散臭さを感じる。仏さまの前では偽善的なにおいをかぐ。特に寺の坊主は信用できない。私の両親の葬式や墓の設置では、戒名一文字二十万円とか、墓所は二十万円とか言っておいて、だんだんと値をつり上げて百万円とか三百万円とか言い出してくる。あくどいセールスマンである。

でも女神の住む山岩木山とか、白雪をうっすらとかぶった石鎚山を望むと、自然と目をつむって手を合わせてしまう自分がいることに驚いてしまう。私は神や仏は信じないはずだったのではないかと思い返してしまう。

『一向一揆』の著者井上鋭夫は「自分は歴史を研究したくて歴史を学び始めたのではない。百姓を知りたくて勉強をはじめた」と書いている。日本思想体系『蓮如一向一揆』のあとがきでは、前田利家まつりで、民衆の圧制者を祭るとはどういうことかと書いていたと記憶している。一向一揆の指導者は、はじめは農民や民衆側に立場をとっていたが、だんだんと為政者側につくようになっていった。仏教が農民や民衆側に立場をとって活動したのは、この一向一揆くらいではなかろうか。奈良時代は朝鮮半島からやって来た人々が自分らが祀りあげる氏神では日本列島に前から住んでいた人々をまとめ上げることができず、そこで仏教を引き込んで何とかまとめ上げようとしたと考えられる。実際に、日本各地に国分寺・国分尼寺を建て、現在でも国分寺という地名が残っている。

信仰は単純で素朴なものではないか。難しい仏教の教義や論説とはかかわりないと思うようになってきた。現に浄土真宗は念仏を唱えるだけで極楽浄土へ行けるのだから、簡単でこれほど有り難いことはない。不治の病にかかった場合、自分の力ではどうしようもない災害にあった場合などが信仰に入るきっかけになるのだろう。また日頃の家族の健康を願い、豊漁祈願、豊作祈願を神様にお願いすることもあるだろう。受験合格や交通事故に合わぬように願う現世御利益を願うことが信仰に入るきっかけになることもあるだろう。

修験道の研究家五来重は『修験道入門』（淡交社）の結びの冒頭に「修験道は日本宗教史の謎である。修験道の謎はまた庶民の心の謎でもある。近代は合理主義の時代だといわれるのに庶民の心は素朴な非合理的思考と原始的呪術的願望に満たされている。その非合理性と原始性に対応する宗教が修験道であった」と書いている。

地下鉄サリン事件を起こしたオウム真理教の事件は麻原彰光の死刑判決をもって終了したが、その内実は全く明らかにされていない。どうして頭脳優秀な若者たちが巻き込まれていったのか全く解明されていないと言ってよい。信仰心とは、われわれが考えるよりも、もっと単純で基本的な感情の働きなのだろう。そんな難しいことではなく、祈るような心の働きで、物事に働きかける態度や姿勢のことではないか。自分が生活している中で身につけた謙虚な振る舞いのようなことではないか。現代では共同体社会は消えてしまった。最小単位は家族となり、その家族といっても大家族ではなく、夫婦一組と子供ひとりとか、ひとりのみの単身世帯も今日では珍しくない。

このところ北朝鮮の話題が絶えないが、戦前の日本の政治体制と金正恩体制が、一卵性双生児のように酷似しているという論評は、新聞・テレビはもちろん週刊誌でもお目に掛からない。不思議なことだ。これもいまはやりの忖度ということか。

新興宗教団体の乱立

地下鉄サリン事件を起こしたオウム真理教がどのようにして若者たちを引き込み、訓練して、何を考えて行動を起こしていったか。十年以上にもおよび裁判が開かれたが、オウム真理教はどのような考え方をするのか。どのように信者をコントロールして、信者は何を信じて行動してきたのか。全く明らかにされていない。人間は理屈だけでは生きて行けない。全く理不尽な心理が働くのか。一面的には捉えきれない部分が多くある。人間関係でも知らぬ間に依存していることもある。当人は頼ることが当たり前になると、頼み事を受けてもらえるのが普通になってしまう。本当は簡単にはあり得ないことなのだ。普通はなかなかあり得ないことが続くと、人間は感謝することを忘れてしまう。どうやら、こんなところに新興宗教が雨後のタケノコのように乱立してくる秘密がありそうだ。自分以外の他人に依存すれば、自ら考える必要もないし、考えに行き詰まることもないし、従って悩むこともない。『自由からの逃走』という本があったが、自分で考え、自分で行動し、自分の意志で生きていくことは骨の折れることだ。先日、石牟礼道子著『苦海浄土』を読んでいて、「水俣病患者が広島の人の苦しみが一番分かるのはわたしたちだ」と書いてあった。ほんとに苦しみを理解できるのは、絶望的な苦しみを味わった人にしか理解できないのだろう。おそらく絶望の淵に立たされた人たちに、信仰心が起こり、宗教にはまり込んでゆくのではないかと憶測する。

また精神の孤独と孤立も信仰心をあおる要素ではないだろうか。シベリアの収容所にいた内村剛介が『生き急ぐ』の中で一番きつい罰則は三日三晩暗闇の独房の中に閉じ込められることだと記していた。人間は人の間と書くのだから、よほど社会的動物らしい。自分とは別の人間と意思疎通をしないと精神的に不安を来す。ひどい場合には神経症に陥る。人が人間として存在するためには、複数の人間関係の中に自分をおかなければ、自分の存在を自覚することはできない。

宗教の規範を解読することは、それほど困難なことではないが、信仰心について説明するのは難しい。地下鉄サリン事件を起こさぬとも、数多くの新興宗教団体が現実に存在している。現代人の心の不安、よりどころの無さが信ずることを求めるのだと思うが、どのような過程を経て具体的に信仰していくのかは分からない。あるいは全く信仰心に火がつくのは、人それぞれでちがうきっかけなのかも知れない。

やはり日本人は、山川草木などに神が宿ると感じている。原初的な神であると思う。自然に対する素朴な祈りであり、自分の力ではどうにもならない事が、どうにか自分の願いが叶えられるように祈ることである。このことが基本的に生活の中に根ざしているからだと思う。

信仰心は、精神的に耐えうる限界のギリギリの状態にあるとき、ワラをもつかむ気持ちになったときに生まれるものだろう。日本の田舎道を歩いていると、必ず太平洋戦死者の墓がある。その戦没者の石塔を見る度に、墓を建てられた人には、父母があり、妻があり、子がありと考えれば、どれだけ多くの人びとが深い悲しみにあったのか、切ない思いにさせられる。自分が生んで育てた子供が戦地で死んで帰らぬ人となった知らせを受けたとき、どれほどの衝撃と悲しみに浸されただろうか。二百万の戦死者が存在したとすれば、少なくともその数倍の悲しみを受けた人々がいる。これらの人々はどうやって悲しみを受けた痛手を癒したのだろう。いくら慰められても傷の深さは変わらないだろう。先に述べた広島の人の苦しみは、水俣病患者が一番良く理解できるだろうと引用したように、同じような苦しみを味わったものにしか理解できないのだろう。

果たして既存の仏教を信奉する僧が、悲しみに痛手を受けた人々を慰め救い得たか。それは全くなかったと言っても言い過ぎでない。

世界史年表の中で考古学上の推定年表を見ると、日本列島だけが青銅器時代がないことに気づく。日本列島では新石器時代から鉄器時代に突入したようである。実際に古墳時代に見られる墳墓の中の副葬品の青銅器は、実用的な武器や道具ではなく、祭祀用の青銅器であると紹介されている。これは何を物語るか。オクラードニコフは『黄金のトナカイ』の中で「幾千年にわたって支配していた古代の動物信仰は先祖の霊および自然のアントロポモルフ的支配者信仰によってとって変わられた…そこでは、はじめはおずおずと出現しながら、日には動物と同権となり、ついで大地の主人あるいは大地の唯一の支配者となる人間が登場するのである。」（加藤九祚訳）と述べている。

これは将に、人間が神になったときが、自然の摂理を無視して人間が滅亡への道を歩み始めたことを示している。キリスト教しかり、イスラム教しかり、そして日本の八百万の神も同じだ。人間が生物の頂点にあるというううぬぼれも甚だしい。ヒトは生物進化の果て、袋小路にはまり込んだに過ぎない。

世界史年表の話に戻すと、日本列島に青銅器時代が殆どないことは、動物信仰からヒトが神であるという移譲期が無かったと考えることができるのではないか。そのために欧米諸国に限らず、人間が神となった宗教を持つ国の人々に、日本人は宗教を持たないとあざけられるのではないだろうか。このことはアマゾン地帯に現在も住んでいるヤノマミという未開民族の宗教に似たところがある。万物に霊が宿るという発想はアマゾンのヤノマミに限らず、東南アジアの諸民族や、アフリカの未開民族にも見られるようである。動物信仰において、かつて人間は動物と同じ位相に存在しているという自覚を持っていた。つまり動物も人間も同じということだ。

これが人間が神になるとは、人間が生物界・自然界の頂点に立つことである。こうなると何も人間に指図できなくなる。恐れも何もなくなる。全て、人間のやりたい放題ということである。

仏教の伝来は飛鳥時代（西暦五三八年）、一説に五五二年と言われている。道教を研究された下出積與『道教』の中で道教は日本に仏教のように学説として正式に伝来したことはなく、俗信的に日本に伝わり、道教の四部門、哲学、医術、方術（卜占）、倫理の一部が伝わったとしている。「そして宝亀十一年（西暦七八〇年）を境として呪禁《ジュゴン》そのものが非合法の存在となり、必然的に地下にもぐらざるを得なくなった。かくて呪禁は地下にもぐることによって必然的に民間信仰との結合を深め、大社寺に象徴される体制宗教に相対する宗教基盤を構成する一要素となる方向に、おのが道を見いだしていくのである。そして、再び歴史の表面に顔を出してくるのは鎌倉時代以後であって、修験道という新しい粧いに幾重にも包まれてであった」と。

奈良時代には道教の影響を受けた呪禁師は典薬寮の専門職中では医師に次ぐ地位にあり、位階等においても他の針、按摩、薬などの職より格段の差の厚遇を受けていたという。現代に生きるわれわれからすれば信じがたい。呪禁師とは簡単に言えばまじない師・祈祷師のような職業である。おそらく人間の心の闇に渦巻く、うらみ、嫉妬、羨望、権力をめぐる争いや出世争いが絡んでいたことだろう。

仏教が日本列島に伝わる以前は、道教の一部や俗信仰が渾然一体となって祈祷師のような人たちが一族の指導者となっていたにちがいない。彼らが経験的に集積した医療知識、医療技術等も身につけていたと考えられる。

ヒンズー教の女神たちはグラマラスで、現代の日本人からすると、とても豊満で圧倒されてしまう性的魅力を備えている。ヒンズー教寺院のご本尊はリンガとヨニである。日本の土偶に似た衝撃を現代を生きるわれわれに与える。青森県の岩木山にある赤倉も女陰そのものである。現代のわれわれは、あまりにも商業宣伝に乗せられた性情報、既成的情報しか目にしないし、耳に入ってこない。ネコやイヌはパンツを人間がはかせない限り、彼らは自分でははかない。アマゾンのヤノマミは、女性器のことを、ナ・バタ（偉大なる女性器）と呼ぶ。おそらくシベリアの新石器時代の人々も同じようなことを考えていたのではないだろうか。修験道の修行地は日本各地にあって、四国の瓶ヶ森に男山と女山があり、男山は凸で、女山はなだらかな丘のような頂である。女性器は生命を生む源である。生命を生み出す根源なのである。

仏教の小難しい教説やお経が庶民に理解されてきたとは到底思えない。一部の学僧や支配層の知識を持った人々限られて理解されてきたと考えるのが妥当であろう。

元亀十一年に俗とも呼ばれた加持・祈祷がよみがえるのは四百年後の修験道であると下出積與を引いて述べた。この時期は、仏教が念仏を唱えれば即成仏できるという浄土宗・浄土真宗が生まれてきた頃である。仏教伝来四百年後にして初めて庶民に仏教が定着したと考えることができる。難しい理屈はいらない。南無阿弥陀仏と唱えればよいのである。何の知識もいらない。何の準備もいらない。一心にお釈迦様を信じて南無阿弥陀仏と唱えれば良いのである。これ以上簡単なことはない。

道教にある神仙思想は中国の秦の始皇帝などの不死の薬効を広めた。中国の皇帝墓の遺体から実際に水銀が検出されている。この水銀の化合物が不老不死の薬として使われたのではないかと考えられている。道教の四部門の一つ医術は、庶民にも広く施されていたのではないか。おそらく漢方薬とのつながりもあっただろうし、仏教にある薬師如来とも重なるところがあっただろうと推測する。インド大陸にも太古から伝わる薬事法が存在している。またインドネシアを数十年前に旅したときに市場でジャム（薬）売りを目にしたことがある。アマゾン地帯では現在、世界中の製薬会社が生薬を探し、新薬の開発にしのぎを削っている。おそらく日本列島にも、東南アジアやアマゾン地帯の未開民族の祈祷師が住民に処方薬を施すように、そんな医術を施す人がいたにちがいない。

最後に葬制についてみると、葬制には両墓制と単墓制がある。両墓制というのは死体に宿っていた霊魂が遊離して天に昇ったりして死後は祖先の神となる。両墓制では死体を置く場所と、死体から遊離した霊魂を祀る場所の二つを設置し、単墓制では死体を葬る場所は一カ所のみである。朝鮮半島からやって来た人たちのつくった古墳は単墓制の墓である。アイヌの墓や縄文系の北方文化の流れをくむ人々も、この単墓制に属すると考えられている。

一方、青森市の郊外にあるモヤ山（モヤヒルズとして現在は青森市のスキー場となっている）、旧中津軽郡岩木町にあるモヤ山、北津軽郡市浦のモヤ山などが両墓制の墓ではないかと考えられる。この両墓制は東南アジアの民族にうかがえる風習である。これは将に、日本に伝来した文化（人びと）は東南アジアが一番古く、その次に北方系の人びと、最後に朝鮮半島からやって来た人びとであるということの間接的な裏付けになっている。

浄土思想の由来

天国と地獄という発想はどこから生まれてきたのだろうか。黄泉の国とか蓬莱山とか、仏教では死んだらまた生まれ変わり未来永劫繰り返すという輪廻転生という考え方がある。誰でも死には恐怖を感じる。自分の存在が消滅するというのは、何はともあれ一番の恐怖である。中国の歴代の皇帝でさえ、不老不死の薬を求めさせ、世界に家臣を派遣させたと言うから、それほどのことなのだろう。

その死の恐怖を除くのに導入されたのが浄土思想なのだろう。少しでも死の恐怖を和らげるために、死後の世界を考えたのだろう。青森県の津軽半島に江戸時代から縄文土器が出土してきた亀ヶ岡という地域がある。そこに設立された縄文土器の資料館がある。そこには、まるでおままごとの食器のようなかなり小ぶりの土器が数多く展示されている。その展示品の説明におそらく祭祀的な意味合いを持つ土器だろうとあった。そんな小さな数センチの土器は薬入れくらいにしか使えない。これらは葬られた死者が死後も生活に困らないように埋葬した土器にちがいない。その数センチの壺の曲線美は何とも言えない美しさを感じる。

私が思うに、その美しさは葬られた人に対する、葬った人びとの死者に対する心遣い、愛する思いではないか。わずか数センチの壺であるが、思わず息をのむほどの美しさを感じてしまう。

究極の山岳信仰・修験道は不治の病に患った人が、救いの道を求めるところにあるのだろう。人知を越えたところにある不治の病から救われる道が、信仰の道以外にあるだろうか。おそらく無いと思う。今でこそ「かったい」はハンセン氏病と呼ばれるものでウィルスがその病原であることが知られているが、昔は、顔かたち、足や腕も醜く変形し、因業な病と蔑まれてきた。果たして信仰の道に入って救われたのだろうか。

実際に修験道の霊山とされる笹ヶ峰・瓶ヶ森・石鎚山に登ってみると、このあたりの景色は笹におおわれ独特な山容と景色を備えている。特に瓶ヶ森から望む石鎚山は荘厳と呼ぶにふさわしい。津軽の岩木山が女神住む山と言うならば、石鎚山は男神住む山である。

不治の病に患った人たち、癒えることのない悲しみにあった人びと、また逆に豊年満作・大漁を願う人びとの願いを集めるところが神の住む山であったにちがいない。

不治の病、深い悲しみを癒すことはできなかったかも知れないが、自らを慰めることはできたのではないかと思う。また豊年満作・大漁であれば感謝を捧げ、不作・不漁であれば再び豊年満作・大漁祈願をしたにちがいない。

おそらく人間が言葉を絶した時、表現する言葉を失った時に、信仰心や芸術が生まれてくるのだろう。

信仰心と依存心

似て非なるものに信仰心と依存心がある。信仰というものは常に考える主体があり、自己と他者を区別できる心理状態・心の動きを保っているが、依存心は自己と他者を区別することをせず、考える主体が自分にない。常に他者の考え、指示に従って生活している。中国の革命文学者魯迅が言った言葉に「奴隷は奴隷の主人にしかなれない」とあるが、このことを言っているのだろう。

ともあれ仏教が日本において、広く民衆の間に人生訓として人間の生き方において大きな役割を果たしたか、はたまた社会的な役割を果たしたかを考えると、大きな疑問を持つ。飛鳥・奈良時代には、朝鮮半島から日本列島に移住して来た人びとが彼らの氏族神によってそれまで日本列島に住んでいた人びとを掌握することができずに、導入された精神的療法が仏教の導入ではなかったか。では日本列島に住んでいた人びとに果たした役割は年代を通してみても、一向一揆と呼ばれた数百年に及ぶ民衆蜂起ではなかったか。この一向一揆で守護富樫政親を滅ぼした「百姓ノ持タル国」が一時的ではあるが成立した。だが浄土真宗を次ぐ指導者たちは次々と権力側にすり寄っていった。

こうして仏教は日本寺社が祀り、江戸時代に寺社は戸籍を司る今で言う役所の戸籍係の窓口と化した。明治期に入ると寺社を神仏分離令を出して分けられ、修験道は完全につぶされ、明治維新と言うよりは、平安時代の摂関政治に近い政治体制が明治憲法によって確立された。このことは太平洋戦争後、新しい日本国憲法は、天皇に統帥権こそないが、、殆ど骨子は明治憲法と変わらない。

かくして、日本の仏教は、極端な言い方をすれば、これは実際に私が自分の耳で聴いた話であるが、戒名（これはインド仏教にはないらしい）は一文字二十万円、院とか院殿となると百万円単位となるという。信じられないが、平等を説く仏教が死んでも金がものを言う世界をつくっている。これが日本の仏教界のホントの姿なのだろう。

第三章　日本人の欠点（論理的思考の欠如と独立心の不在）

科学的思考と論理性

東北大震災で起きた福島第一原発と第二原発事故は、当時の事故予測の対策を行っていれば、防げたことは間違いないと私は考えている。チェルノブイリの原子炉設計者が、予備電源の設置場所が津波を受けた時に水没して役に立たず、大事故になると指摘していたと聞いている。また津波の規模についても、東北大震災後に東京電力側と地震研究者たちの間で話し合いが為され意図的に小さくした経過が、新聞紙上に発表された。

自然科学の世界では、理論が正しいか、それとも正しくないかは、実験をしてその結果が理論と一致して、正しいことを裏付けられているかで判断が下される。この福島第一原発と第二原発事故を予測する場合に、専門の地震研究者たちが、科学的根拠を以て津波の規模を予測しているのである。その可能性を意図的に過小評価して対策をするのは正しくない。原発事故はいったん起こしてしまえば、おそらく数百年以上にわたって人間生活に影響を及ぼす。であるからこそ細心の注意を払わねばならない。なぜ科学的・合理的思考を経て物事を決めることができないのか。また定着しないのか。まちがいなく東京電力の経営者たちは原発がどれほど危険なものか全く理解していなかったと考える。ただ頭にあるのは金勘定だけで、電力資源会社の経営者としては失格である。

福沢諭吉は明治維新を迎えて、維新ではなく復古だと喝破した。天皇制を敷いた奈良朝廷、平安朝廷にとって替わった武家政権も天皇家のお墨付きをもらうことに走り回った。

これまで日本国内で起きた忘れてはいけない事件がある。安政の大獄、新聞紙法と治安維持法の制定である。十数年前の中国の天安門事件、最近では香港の一国二法憲法の問題が取りざたされてきたが、この日本と中国の事件は全く同じ内容を問題としている。私は戦後世代で太平洋戦争中のことは、本や映画で知るくらいであるが、現在二〇二〇年の北朝鮮の金正恩の政治体制と、その当時の日本の政治体制は双子のように思えて仕方がない。

あと忘れていけないことに、足尾銅山鉱毒事件、広島・長崎に原爆が投下されて、多くの人びとが一瞬にして亡くなり、現在もその後遺症を引きずられている人びとや、その方々の子孫が存在していることである。さらには戦後の水俣病有機水銀による被害、そして東北大震災に伴う福島第一原発・第二原発の事故だ。それも、最も恐れていたメルトダウンという核燃料棒が融けて原子炉の底を破るという事故であった。

自然科学の現象を論ずるに当たって、希望的観測や私欲を入れてはいけない。ごく当たり前のことのように思われるが、歴史的にはこのことが繰り返し行われてきた。物事を合理的・論理的に考えるということは私利私欲を入れないと言うことだ。たとえば二次方程式の公式を使って解けば、中学生が解いても数学者が解いても同じ答えが出ると言うことだ。だれが解いても同じ答えが出る。これが客観性ということだ。

論理的思考・科学的思考の真逆のことが、情報操作である。戦争映画で出てくる大本営発表という戦時情報である。戦果は日本帝国軍の完敗であったのに、日本帝国軍の大勝利であったというものである。軍部・政府の意図のままに情報が操作されてしまった。論理的思考も何もあったものではない。こうした情報操作は戦前・戦中のことと思われているかも知れないが、戦後の日本の社会でも堂々と行われている。二〇一一年の東北大震災の時に起きた福島第一原子力発電所(以下福島第一原発と書く)の事故の際に、気象情報が止められてしまった。放射能を含んだチリやガスが、どの地域に流れるか、風向きが知られるとパニックが起こるという理由である。いち早く国民に危険を知らせなければならないのが政府のやるべきことなのに、いとも簡単に情報操作が為されてしまう。これほど、恐ろしいことはない。情報があるのに根幹から情報を消してしまうことを平気でやってしまうのだ。

芥川龍之介の言葉に「革命とは常識があまねく行き渡ることである」とある。当たり前のことが世間で行われなくなる。非常識が常識としてまかり通る。嘘をつくことが当たり前になる。ホントのことを言わず、人を欺くことが日常茶飯事となる。そんな時代が再びやってきたのだろうか。それとも人を欺き、ホントのことを言わず、都合の悪いことは全て隠すことは、いつの時代も行われてきたことなのか。

基本的には社会問題も歴史問題も科学的・論理的に話し合っていかないと、いつまで議論をしてもすれ違いになってしまう。現在国会で行われている論戦がそれである。要するに科学的思考・論理的思考をするのになれていないのだ。チェルノブイリの原子炉設計者から福島原発の非常電源が働かない恐れがあると指摘された時、東京電力の経営者の頭の中には如何に安く原発をつくるしか考えがなかった。まず一番に最優先させるのは安全であることを全く無視していた。原発に関しては経済よりも安全性であることを理解しようとはしなかったというところに問題がある。どんな物事を考える時でも、何を第一に優先させるべきであるのか、これは物事をはじめる時のイロハである。

こうして福島原発事故の原因について考えを巡らせてくると、最初から原発事故を未然に防ぐという考え方はなかったとしか考えられない。意図的に、経済的つまり原発を安く仕上げるにはどうしたらよいかということを最優先にして、この経済的要請に反する情報はカットするか、隠蔽してきたと結論できる。ひどい話だ。こうした話は、戦中の大本営発表から、今回の原発事故に至るまで延々と続いてきている。現在進行形なのである。

似たような過程をたどる大きな問題に、足尾銅山鉱毒事件と有機水銀による公害問題、水俣病がある。足尾銅山鉱毒事件は明治期に起きた近代日本における最初の公害問題である。栃木県の足尾銅山から出た鉱毒が渡良瀬川一帯を汚染して人体や農作物に大きな被害をもたらした。一八九一年（明治二四年）田中正造が議会で取り上げてから大問題となった。田中正造は天皇に直訴した。（直訴文は中江兆民の一番弟子であった幸徳秋水が書いた）。日露戦争後、政府は鉱毒問題に終止符を打つために渡良瀬川下流の谷中村をつぶし遊水池をつくろうとしたが、谷中残留民の根強い抵抗が続いた。

結局、皇国史観というのは朝鮮半島からやって来た人びとの国家観なのだろう。自分らの氏神を国家の中軸に据えているのだから。もっと簡単に言ってしまえば、朝鮮民族による日本列島にいた先住民族を支配したのが古代国家であった。その定式化が完了したのが、平安朝の藤原氏が摂関政治を確立した時である。平安朝以後に鎌倉・室町・江戸時代と武家政権が続いたが、明治期になってまたもや天皇を頂点とする朝鮮半島の政治文化が復活した。

韓国問題・北朝鮮問題で紛糾するのは、日本列島において成立してきた平安朝廷や天皇制を掲げた憲法をつくってきた国家体制に原因がある。武家政治を確立した鎌倉・室町・江戸幕府でも、カリスマ性を獲得するために天皇のお墨付きを貰いに参上するというのだから徹底している。現代でも年号は天皇の在位と共に変わる。

考古学の分野で、旧石器を埋めて、あたかも旧石器を発見したと嘘をついた男がいた。何のためにそんなことをするのか。そんなデタラメをしても、やがてウソだと分かってしまうことは明白であろうに。また最近では臨床検査でねつ造データをつくるなんて事も起きている。最も悪質なのは、非常時、たとえば戦争中や大災害の最中の意図的な情報操作である。これは先に述べた。

この客観性や公正さを保つ姿勢が全く感じられないのは、数百年も続いてきた封建制の遺産なのであろうか。実際に起こった事実を伝えることの意味・大切さを為政者は本当に理解しているのだろうか。自然科学において理論と実証の関係を理解しているのだろうか。事実をねじ曲げて報道し、都合の悪いことは徹底的に隠蔽し、為政者に都合の良いように報道管制を敷き、自分たちの保身しか考えず、国民のことは全く頭の中にない。

私は東北大震災は日本の政治権力地図を塗り替える大きなチャンスであったと考えている。なのに民主党は、折角、自民党から勝ち取った政権を自ら手放してしまった。

これは東北大震災後にあった実際の話であるが、津波を防ぐ防波堤をより高くつくったが、今度は台風がやってきて洪水のために、水を海に流すために、折角築いた防波堤を取り崩したというのだ。いちど計画を立案し予算が下りたものは、途中で計画変更できないという。本末転倒であろう。何のために防波堤を建てるのか。これも客観性・公正さを頭に置かないで思考を進めていく仕事に起因する。子供でも分かる理屈が、なぜ理解できないのか不思議である。

西欧の文化は果たして未開文化より優れているか

西欧の自然科学はカトリック修道院の中から生まれ、その母体となったカトリック宗教と闘争の中から自然科学の実証主義が確立されてきた。たかだか一万年の人類の歴史の中で西欧文化と呼ばれるものが二五〇年くらい前である。それは蒸気機関に始まり内燃機関の発明にいたる。さらに鉄道は電力化し、現在では原子力空母なるものも存在している。

地球が四十六億年かけて培ってきた大気中のオゾン層にわずか五十年で穴を開け、人間の造り出した化学物質は、地球上にあふれかえっている。現在問題となっているプラスチックゴミの重量は海に住む生物の重さに追いつくところまで来ているという。

自動車が発明された時、だれが大気汚染を予想しただろうか。西欧文明の欠点は、新しく発明したことが、地球環境にどのような影響を及ぼすかを考えに入れないところである。

西欧の文化破壊

西欧によるアフリカ、新世界と呼ばれた南北アメリカ、オーストラリアの文化破壊は凄まじい。アフリカ大陸から南北アメリカ、中央アメリカに送られた黒人奴隷は約一千万人に上ると言われている。例えばスペイン人が最初に侵略したエスパニョーラ島には二百万人のインディオがいたが、全て皆殺しにしてアフリカから黒人奴隷を入れた。その理由が黒人はインディオの三倍働くということであった。

優生学はナチスが取り上げてユダヤ人を虐殺したことで有名であるが、ＤＮＡ遺伝子の解析がヒトについて明らかにされた。遺伝子の欠陥による遺伝病は出生前に知ることができるようになって、重大な遺伝病を持つ子は中絶してしまうことが可能となった。遺伝子操作は様々な規制、倫理上の問題として捉えられているが、これから先ヒトの臓器を皮膚細胞や動物細胞から創り出すことが可能になりつつある。近い将来、金があれば自分の駄目になった臓器を自分の細胞から創り出すことが可能となる時代がやってくるかも知れない。ますます貧富の差によって生き延びる年数が決まる時代が来るかも知れない。現在でも子供の学力・成績は親の経済力に比例するという。小学校に通う貧しい子供たちは、学校で食べる昼の給食が主だという。貧富の差が拡大しつつあるのが現実である。

優生学を批判することは簡単なことだが、実際に身体障害者・精神障害者と健常者の存在比が、現在の状態から逆転したら一体どうなるか。現在の社会の活動状態を果たして維持できるか。まず維持することはできまい。

世界での核実験は二千回を超す。柳田邦男氏によれば、大気圏内で五百回を超える核実験で地球上に二億トン以上の死の灰がバラまかれたという。私は日本の原発の広報機関で世界各地の放射線のバックグラウンドの核実験前と核実験後の強さを知りたいと四、五年前に尋ねたが、分からないと言われた。おそらくアメリカ軍やロシア軍の情報部では把握しており、死の灰は実験場だけでなく、地球上の大気は循環しており、アメリカにもロシアにも地球上の全てに降り注いだはずである。

ヒトは天然痘、結核、ペスト、マラリア、チフス、インフルエンザ、エボラ出血熱、コロナウィルスと多くの病気と戦ってきた。西欧人はペスト、インフルエンザで大打撃を受けてきた。いわゆる大流行（パンデミク）である。実際に医療機関の崩壊が起こったら、患者に対応できず、鳥インフルエンザ、豚コレラが発生した時と同じようにヒトに対しても対応せざるを得ないだろう。大都会では死体が山のように積み上げられるにちがいない。最悪の場合は人道上の措置を行うことは無視せざるを得なくなるだろう。遺体にナンバープレートの標識をつけて、ビニール袋に一体ずつ詰めて、地面に穴を掘り、埋めていくしかないだろう。

早いか遅いかヒトは絶滅するのだろうが、安楽死するように滅亡してほしいものだ。せめてヒトのもたらした環境破壊によっては滅亡したくはないものだ。オーストラリア大陸のアボリジニの間では、「人が大地を所有するのではなく、大地が人を所有しているのだ」と言い伝えられてきた。西欧人は言う。「野蛮人は動物を共にしており、彼らの祖先も動物であると考えている」と。西欧人は神の子孫で、人の存在自身が神のような存在と考える。常に自分は正しい。一番である。同じ一神教でもイスラム教にはラマダンという断食行があり、一定期間は一日朝日が昇る時から陽が落ちるまで食事を一切とらない。ヒトの基本的な欲望、食欲と性欲の中の食欲を抑制することを日常生活にとり入れているところが素晴らしい。西欧のカテドラルの裏側には必ず売春窟があるという。お釈迦様が言うように性欲を抑制することは一番難しい。男の性欲は尿を排泄するのと同じで、ガマンすることは、それほど意味のあることとは思われない。この二大欲望の限りを尽くしてきたのが西欧文明だろう。アフリカ大陸を陵辱し、南北アメリカ大陸、オーストラリア大陸等々を破壊してきた。民族も動植物を含む自然環境を徹底的に荒らしてきた。国家体制は、外から侵攻を受けた時に、どうしても必要な組織である。国家体制の下に組織化統制された軍事力を持たねば、あっという間に滅ぼされてしまう。この生き残りゲームは現在でも続いている。この戦いの根っこには、富の独占とその富を維持することが横たわっている。生存競争なのである。

戦争に使われる武器も石ころや弓矢、槍・刀から鉄砲・大砲ロケット、現在では究極の核ミサイルである。世界に装備されている核ミサイルの総量は、ヒトを十回皆殺しにできるだけあるという。戦争の武器は長足の進歩を遂げたが、その武器を扱う人間は全く変わっていない。

日本はアジアの指導的立場に立たず、アジア・中国を裏切った

そもそも福沢諭吉の富国強兵策は、欧米列国への追随・従属となった。宮崎滔天が孫文らに力を貸したように、フィリピンのアギナルドやベトナムのファン・ボイチャウに日本政府が力を貸していたら面白い世界情勢になっていたにちがいない。ところが、このころの政治の幹部は旧長州藩勢が権力を握っていた。王政復古の明治憲法を敷き、神仏分離令を行った連中である。欧米に対抗するアジアを結集した勢力を創り出すなんて考えは全くない。江戸幕府からもぎ取った権力を自分たちの政治集団に取り込むことだけしか頭になかった。

日本は、宮崎滔天が孫文に手を貸したようにアジアの反体制指導者たちに手を指しのべなかった。これは富国強兵策を採ったことが大きい。中国やフィリピン、ベトナムなどアジアの国々に力を貸すよりも、世界を植民地化してきた西欧の列強国の後追いをする道を選んだのだ。被支配国のリーダーになって西欧に対抗することよりも、日本は自ら植民地をつくり支配者側の西欧と同じ立場をとったのである。

なぜ、日本では論理性が軽んじられるのだろうか。公正さとか客観性とかが日本では無視され

る傾向にある。常に権力者側の意思が尊重されるというか、今はやりの言葉で言えば忖度されるからだろう。忖度と言えば聞こえはよいが、結局のところ権力者、為政者に逆らえない風土ができあがっているということだ。何のことはない。いうことを聞かないとしっぺ返しが待っているということだ。

少し子供の話をしよう。この間、新聞に国連児童基金（ユニセフ）で先進・新興国三八カ国に住む子供の幸福度を発表した。日本の子供は、身体的健康は第一位で経済的にも恵まれているが、生活満足度の低さ、自殺率の高さから幸福度では三七位と最低レベルとあった。

世界の子供たちが、どのような立場にあるか、またその親たちはどのように感じているか、いくつかの例をあげてみよう。がモンゴルでは子供を学校に行かせると親のいうことを聞かなくなると言っていた。宣教師の布教も、学校教育も文化破壊の一形態なのだろう。また帰国子女を持つ親の話であるが、アメリカで育った子供は毎日生き生きと目を輝かせて生活していたが、日本に帰国してしばらくすると、あれほど活発で生き生きしていた娘の目は死んだ魚の目のようになり、おとなしくなってしまったと母親が語っていた。それぞれの国に社会の雰囲気というか、精神的土壌のようなものがあるようだ。学校はもちろんのこと、社会で物事を決めていく過程が開放的で、公正さ・客観的立場から判断が行われているのか。それとも閉鎖的で、反対意見を許さない背景や雰囲気があるのか。この違いはとても大きいようで、イジメや精神的不安定を呼び起こし、特に日本では青少年の自殺率は、世界の中で抜きんでて高い。

　昭和三十年代中頃から農家では耕耘機が普及し、海では発動機をつけた船が普及した。同時に農薬・化学肥料が畑に、海岸には化学薬品工場・製紙工場・石油コンビナートが林立しはじめた。日本人の食生活も魚から肉食と変化していった。特に食生活の変化は日本人の体格向上に著しい改善をもたらした。トイレも和式から様式へと変化した。面白い話がある。ボクシングのトレーナーが、最近の選手は洋式トイレで育ってきているので腰のバネがない。踏ん張りがきかないからパンチが弱いというのを聞いたことがある。日本人の生活は基本的な場面から変化してきている。人間の生活を実際に思い返せるのはせいぜい三代前まででであろう。おじいさん・おばあさんの顔や、どんな生活をしていたかを思い起こせるが、四代前のひいじいさん・ひいおばあさんの時代となるとまず無理である。

　またこんな話もある。鹿児島県から明治期にブラジルに渡った人が、五十年ぶりに古里の鹿児島に帰ってきて、知っている人は死んだりして、色々な人と話をしたが、ここは私の知っている日本ではないといってブラジルに帰ってしまった。古里も日本も昔のままに変化しないということはなく、時々刻々変化しているというのが本当のところなのだろう。

独立心はどのように養われるか

西欧人と日本人は生まれた時から育て方が異なる。西欧では個室で赤子を寝せる。西欧人と日本人は肉食動物と草食動物くらいの違いがある。肉食動物でオオカミのように集団で狩りをするのは例外かも知れない。獲物を襲う時は常に自分ひとりで判断を下さねばならない。またその成果も自分で全て受け止めねばならない。一方、草食動物は常に集団で外的に対応する。草を食べている時は、必ず見張り役を交代して受け持つ。自然とはすごいものであると思い知らされる。草食動物と肉食動物は、当然生き方が異なる。肉食動物は常に個の決断が要求されている。他を頼ることができないのだ。獲物を襲うタイミングも、その結果も自己即ち一個の主体として受け入れるしかないのだ。草食動物は、常に連携して外敵を見張り、自分らの安全を確保する。

やはり独立心は人間社会のあり方によるところが大きい。農村の共同体社会（現在では失われてしまったか、その残滓しかうかがえない）の持っていた連帯感のある生活の場面では、二項関係、即ち第三者の存在しない人間関係が成立していた社会では、独立心を持った人間は、異物として共同体の中では捉えられる。この二項関係で成り立つ社会は、農村だけに特有な人間関係であるかというと決してそうではなく、学校や会社などにもうかがえる人間関係である。二十一世紀を迎えた日本では、確かに農村の結《ゆ》いは失われてしまったが、現在でも田畑の側溝の清掃や、草刈りなどの共同作業が日本全国の農村に残っている。漁村においても同村の漁船が遭難した時の、村の結束は現在でも受け継がれている。

西欧において修道院の中から産声を上げたコペルニクスの地動説が、カトリック教の天動説と四つに組んで骨肉の戦いが始まり、ガリレオが宗教裁判で殺されたが、勝敗は自然科学派の勝利に終わる。

西欧文明は確かに有効である。例えば蚊を殺すには殺虫剤がきわめて有効である。この殺虫剤を使えば蚊を全滅させることができ、人はマラリアを媒介する感染経路を遮断できるが、同時に様々な昆虫、もちろん人にとって作物の受粉を助ける昆虫なども含むが、蚊以外のおそらく数千種類以上の昆虫を殺すことになる。西欧文明なんてものは、大体こんなレベルである。また自動車の発明にしても、同じだろう。自動車を発明した時、西欧人のだれが大気汚染・公害を予測しただろうか。

私は昭和二十四年生まれであるが、昭和三十年代中頃までは日本各地の田畑や草地に多くの昆虫がいたことを記憶している。この時期を境に昆虫の数と種類が激減した。例えば私が小学校時代に暮らした東京練馬の上石神井の自宅にあった樫の木には、玉虫という虹色に光る虫が毎夏やって来た。もちろん近くの雑木林にはカブトムシ・クワガタ・カナブンなどたくさんいた。

それから二十年後くらいに神奈川県小田原市の方へ就職すると、東京から比べれば、遥かに自然環境は恵まれているはずなのに、急にツバメの渡ってくる数が少なくなったのを覚えている。ホントに全く極端にツバメの数が減ったと実感したのを覚えている。

独立心は一体どこから来るのだろう。唯我独尊即ち揺るぎなき自信から発すると考える。自分が神になったくらいの気持ちを持たないと独立心を維持することは難しい。キリスト教もイスラム教も共に一神教である。キリスト教では人はキリスト神の子である。イスラム教ではアッラー・アクバル（アラーの神は偉大なり）である。一神教の世界では大袈裟に言えば、基本的に常に自分が正しいと考えているのだから、論争は双方が正しいと考えている限り終わらない。極端な場合には殺し合いに発展してしまう。良い例がアラブ諸国とイスラエルの紀元前から続く争いである。双方共に譲り合うという考え、発想は存在しない。

一方、多神教の世界は宥和である。互いに自己主張し合うよりも、互いに尊重し合う姿勢を持つ。

独立心を育むもの

先にユニセフの幸福度の調査について書いた。教育評論家の尾木直樹氏によると日本の教育現場はイジメ地獄で、偏差値偏重による受験戦争加熱もあって、子供の自己肯定感が低く、幸福感が育たないのは必然的であると指摘している。

日本の教育に一番足りないものは、企画・立案から始まり、実施・行動をして、その結果を自分で評価させるといったものである。そして、その自分で行った評価を基に、次の課題を生徒自身で立たせ、同じく企画立案をして改善策を見いだす、これを繰り返すという、一つの課題を始めから終わりまで自分の力で行い、次の新しい課題に取り組ませていくという教育プログラム（教育課程）ではなかろうか。自分の頭と体を使って、どんな課題でも、最初から終わりまで体験させて学ぶことが小学校・中学校・高校では殆どないと思う。そして課題を終了したあとは、全体を通しての評価を自己で行わせ、次の課題の参考にさせるところまで行わせる。決してやり放しにさせてはいけない。これらの課題に取り組んだことが、自己肯定感・自己満足度・幸福度につながっていくと考える。

具体的な課題として学校教育現場にどんなものがあるか。第一に捉えられるのは、遠足とか運動会、文化祭や修学旅行などが、一番、生徒にも教師にも取り組みやすい課題ではないかと考える。最近では、学習教科の中で、物品販売の仕組みや缶詰などの製造を体験させることなども実際に行われている。

独立心を育むことは、自分の行ってきた行動に対する自信である。その自信をどのようにつけさせるか。その自信をどのくらい積み重ねさせていけるかで独立心の強さが鍛えられる。

ただ日本では組合運動でも政治運動でも、個人で考え、発言することは許されてこなかった。

その代わりに個人が責任を負うこともなかった。欧米では国会で立案するのは一個の政治家が何人もの秘書を雇って行うそうである。私はその現場を実際に視察したわけではないが、本や話を聞くとそうらしい。日本では議員個人による立案は数が少なく、大概は政党や政治団体からの立案である。個人の政治家に力がないのか、責任の掛かることは個人の政治家は請け負わないのが伝統となっているのか。

客観性と公正さについて

客観性と公正さは、西欧においてはカトリックと自然科学派との厳しい論戦の中で、育まれてきたものだと思う。それで日常生活の中で、客観性と公正さが西欧の人びとに身についているのだろう。日本では、太平洋戦争後の戦後民主主義と呼ばれるものは、これは日本の民衆が政治闘争の中で勝ち取ってきたものではなく、アメリカ占領軍から与えられた民主主義である。

一方、日本においては客観性とか公正さとかいうものは為政者のままに、どうにでもなる代物なのだ。客観性とか公正さ、そのこと自体に重要な意味を見いだすことよりも、物事をうまく運び如何に利益を得るかに主眼を置き、平気で客観性や公正さを無視することをやってしまう。

日本は二百五十年以上江戸時代の中にあった。関ヶ原合戦から三十七年後に島原の乱が起こった。日本史事典によれば、原城（島原城ではない）に籠もった一揆勢は二、三万とあるが、女・子供を含め、ひとりの裏切り者を除いて皆殺しにされた。島原の乱に参加した村や農地は、移住者によって再興された。この島原の乱以降、江戸幕府は鎖国政策を採った。

この江戸時代の約二百五十年間というのは、譜代・外様藩は共に独立国のような体制で、物資の供給や消費などの流通は殆ど行われなかった。一たび、飢饉や災害が起これば、現在のように物資を融通し合うことはなく悲惨を極めた。このような中で二百五十年間も人びとは暮らしてきたのだから、独立心だの、客観性だの、公正さだのといっても始まらない。

戦前は人生五十年と言われた。また縄文時代を研究している考古学者に言わせると、縄文時代の寿命は三十歳くらいという。戦後は定年が五十五歳、六十歳、現在では六十五歳である。二〇二〇年では、日本全国で百歳を超える人が八万人を超えた。昔の人と比べると、二人分も三人分もの時間を生きていることになる。

きつい肉体労働や神経をすり減らす仕事は年老いてからは無理だろうが、経験的な知識を生かす仕事や、頭を使う仕事は年老いても充分に果たせる可能性はある。今まで結婚して子供を育て上げて人生の終わりを迎えたが、現在では孫の顔を見ることのできる人はザラにいる。退職後も何らかの仕事に就くこともできるし、今までできなかったことに挑戦もできる。本当に、個として独立して物事に取り組める時代がやってきた。このことは日本人が物事について、他人の思惑や忖度を気にせず、利害抜きで考えられる環境が整ってきたとも言える。将来の日本を考える上で、明るい兆しが出てきた。

経済的な豊かさでは西欧社会と比べると日本はまだ劣るが、アジア地域と比較すれば高いと言ってよいだろう。世界的に見ればアフリカ地域では何十万人という人が飢え死にしているのが実情だ。日本人は幸せな方だ。

前述したことだが、西欧人が客観性や公正さを獲得するのに修道院の中で自然科学を生み出す過程で骨肉の争いをしてきた。そうした自らの命をかけた論争の中で獲得したものであるからこそ、客観性や公正さに考え方の根本を置くのである。日本の戦後民主主義のように上から与えられたものではなく、自らの力で獲得したことなのである。

ついでにもう一つ、民主主義について述べておく。民主主義もおそらく、常に自分が正しいと考え争っている中に、その争いが互いに殺し合うまで発展し、いつまでたっても殺し合いの戦いが終わらずに、互いに疲弊してしまい、このまま戦いが終わらなければ双方共に死滅してしまうと気づいた時の妥協策であったに違いないと考える。

独立心とジャーナリズムの強さ

テレビ・ラジオ、新聞・雑誌が時の政治体制に迎合する内容を報道している間は問題は起きないが、政治体制に批判的な報道をする機関には、大体政治的圧力がどこまで時の政治体制側からの圧力か解析することは難しいが、確かに存在することはまちがいない。例えば中国の天安門事件に参加した大学生たちは一万人くらい死亡したのではないかといわれているが、真相は不明である。ロシアのテレビ報道記者がピストルで暗殺されたり、ロシアの反体制政治家が、地下鉄サリン事件で使用されたサリンより猛毒のノビチョクを使って暗殺されたのは記憶に新しい。ホントかウソか田中角栄元首相はＦＢＩだか何だか、薬を使われた直後に分解してしまう循環器系に作用する薬が使われて暗殺されたと書いてあった本を読んだことがある。アメリカの化学・医学技術の高さからいってそんなに空想めいた話ではなく、充分あり得る話だ。私は戦後生まれで、戦前のことは知らないが、アメリカ政府のコントロールの効かない政治家が三人いたと考えている。一人は、演説中に短刀で殺された浅沼稲次郎である。彼のエピソードを一つ述べる。

以下は『浅沼稲次郎』―私の履歴書ほか―　より

一九六〇年五月二十四日、日本社会党の委員長として、稲次郎は、勝間田議員、佐多国際局長などと共にアメリカ大使館を訪問して、マッカーサー大使と面談した。それは、崩壊に直面した岸内閣がテコ入れとして企画したアイクの訪日の、中止を要請するものであった。席上、マッカーサー大使は卓を叩いて、「アメリカ帝国主義の発言を取り消せ」と迫ってきた。しかし稲次郎は「取り消す必要はない。アメリカ国民に対してではなくて、帝国主義政策を社会党が戦うのは当然である」と言いきった。この会談の模様は、直ちに社会党を通じ国会につめかけていた請願のデモ隊につげられていった。そして翌日の新聞によって全国に報道された。稲次郎のこの毅然とした態度は闘争中の労働者、学生大衆、そして多くの国民に、勇気と自覚を与えていったのである。

稲次郎は素朴に、「人間同士が争うことからの解放、そしてお互いが協力し合って、泥棒、乞食や、貧乏人のいない社会をつくりたい」と念願していたのである。

そもそも国家とは必要な体制なのだろうか。結局、国家とは富の収奪システムであり、富の分配方法を決定し、対外的な勢力に対して富の維持をはかる軍事力を持つ組織なのであろう。国があろうがなかろうが、どんな地域にも人が住んでいれば固有の文化がある。文化について様々な定義があるが、基本的には話している言葉であり、生活習慣であろう。どこに住んでいる人間でも必ず挨拶する習慣がある。地域によって捕れる動物も、栽培する植物も家畜を育てている地域もあるが、それぞれの食習慣を持っている。さらに葬送の方法だとか、宗教的儀式だとか、様々ているのではないか。大雑把な言い方だが、話している言葉が同じなら、同じような習慣を持っていると考えて良いのではないか。

多くの少数民族や未開民族が滅ぼされてきたのは強力な国家体制を作り得なかったからだろう。東シベリア随一の勇敢な遊牧民コリヤークもロシアのコサック兵に敗れて散りぢりになってしまった。チュクチは住んでいる場所が僻地であったので、少しは侵略の害を免れることができた。侵略に対して抗戦して打ち破ることのできた少数民族・未開民族は存在しない。アマゾンには現在でも数千の未開民族がいて、生き残りがたった三人で言葉を全く理解できない民族もあると数年前に本で読んだことがある。現在でもアマゾンの未開民族が死に絶えていっていると聞く。

西欧は旧アジア大陸・アフリカ大陸だけでなく新世界と呼ばれる南北アメリカ大陸・オセアニアなどに苛烈な植民地化を容赦なく、がん細胞が体を蝕むように犯していった。

この西欧の文化破壊と呼んでよい侵略に対して少数民族・未開民族は、西欧人の使用する武器だけでなく、全く免疫のない状態で天然痘やはしかなどの病気で数百万以上の人びとが死んでいった。あのインカ帝国やアステカも赤子の手をひねるように滅ぼされてしまった。

果たして人間が文化的な生活をする上で国家体制は必要であるか

現代では、どこの書店へ行ってもマルクスのマの片鱗もうかがえない。ソ連邦は解散し、中国は中国共産党の集団指導体制ということになっているが、中国四千年以来の伝統的支配体制としか捉えられない。一時期、カンボジアが共産社会を目指したが、国民の大量虐殺を以て挫折した。キューバはソ連の支援を一時期受けて国力を増したが、現在はロシアの支援もなくなって独自路線を歩み、アメリカに門戸を開こうとしている。

広辞苑によると無政府主義とは、「一切の権力や強制を否定して、個人の自由を拘束することの絶対ない社会を実現しようとする主義」とある。また鶴見俊輔は、「アナキズムは、権力による強制なしに人間がたがいに助けあって生きてゆくことを理想とする思想」と述べている。果たしてこうした桃源郷というか、理想郷を人間は実現することはできるのだろうか。

日本列島は台湾に近い先島諸島から国後・択捉島まで南北四千キロに及んでいる。大雑把に言葉と歴史で分けてみても、1．沖縄・南九州、2．北九州・中国地方、3．奈良・三重の山岳地帯、4．信州・日本列島の中部地帯、5．関東・南東北、6．北東北、7．北海道、と試しに分けてみた。意外とこの地域別に文化史を考えていく方法は有効ではないか。現在では沖縄や青森でも昔のようにうちなんちゅうや津軽弁をしゃべる人は少なくなったが、九州弁や関西弁は色濃く残っている。熊本県の芦北地方にある湯浦温泉に泊まったことがある。湯浦は熊本県と鹿児島県との県境にある温泉どころである。駅で鹿児島へ行く電車を待っていた時に、地元の人が鹿児島弁は難しくて分からないと言っていた。ラジオ・テレビが普及して数十年もたつのに、たとえ南九州の県同志でも言葉がちがう。

また北海道は特別で、江戸時代も蝦夷《えぞ》と呼ばれ松前藩が渡島半島の南西部を統治していた。アイヌとシャモの大きな争いはシャクシャインの戦いで、アイヌが敗北を帰した。この頃は津軽半島や下北半島にもアイヌが多く住んでいた。実際に岩手県に沼宮内とか青森県に十腰内のようにアイヌ語と思われる地名が残っている。これは私の推察であるが、北東北の人びとの血にはアイヌの血が入っているのではないかと考えている。秋田県のマタギはアイヌに学んだと言うし、下北恐山のイタコはアイヌ語のイタックに由来すると言われている。他にも山菜の名前や祭にも名残がうかがえる。

信州つまり長野県の諏訪地方を中心とした地域に立科とか明科とか、~科（シナ）という地名が多くある。これはアイヌが樹皮から繊維をとって織るアッシと似ている材料となる樹木である。おそらく縄文人の血を引く蝦夷《えみし》と呼ばれた人たちの住む文化圏が存在した証拠と考えられる。現代においても縄文文化の伝統と考えられているオン柱の行事も残っている。

北九州には大規模な弥生時代の大きな遺跡がある。北九州は卑弥呼伝説で奈良県の大和と共に話題となった。この北九州にも朝鮮半島からの移住者がやってくる前には縄文文化の血を引く蝦夷と呼ばれる人たちが住んでいたと推測する。この北九州を除くと中国地方には割合と楽に朝鮮半島からやって来た人たちは住み着くことができたのではないだろうか。その根拠は出雲神話や出雲風土記にある。どこまで信用できるか分からないが、天皇継統期を綴っていることから朝鮮族の一統が中国地方を中心として、近畿の大阪・大和地方にまで進んでいったと考えても、そんなに無謀な推測ではない。

大峰奥駆道に出てくる修験道師役小角の座像を見ると小鬼を二匹従えるものとか、小鬼を踏んづけたものとかがある。私の考えでは、この子鬼たちは朝鮮族が奈良地方にやってくる前にこの地方に住んでいた先住民族つまり縄文人の末裔蝦夷ではないかと思う。土蜘蛛とかクズとかも同様と考えている。さらに、現在でも大峰奥駆道の登り口に五鬼等の地名がある。

南東北の奥州平泉には平安時代後期に栄えた奥州藤原氏の都があった。古くには奈良時代に衣川の柵が設けられ蝦夷への根拠地となった。

特に北関東地域即ち現在の茨城県や栃木県（千葉県も含む）には平安時代初期に活躍した平将門がいる。北東北と比べると南東北・北関東は気候も温暖なこともあり、大分早くに開けていたと考えられる。現在も将門神社や将門由来の地が史跡となって残っている。

これは北海道を旅した時、平取で民宿に泊まった時私が実際に聴いた話である。その宿は旦那さんがアイヌの人で、沙流川にダムを造る時の反対運動をしている時に、沖縄から反対運動の支援に来た青年が平取のアイヌの青年と会ってあまりにもお互いに顔の彫りが深く、ひげが濃く、似ていることに気がついて驚いたという。日本列島にやって来た人々について書いてある本の通りのような話であった。

もう一つ、私は青森県弘前市（旧中津軽郡岩木町）の岩木山の麓に十五年間、神奈川県小田原市から移り住んでいた。二〇一八年から瀬戸内の愛媛県越智郡の岩城島に引っ越してきた。民俗学の宮本常一は瀬戸内のことを書いていて、瀬戸内の島の人びとは東南アジア方面からやって来たのではないかと言っている。宮本常一の著書『日本文化の形成下』によると、中国南部に住んでいた越人をあげ、彼らが稲作文化を運んできたのではないかと書いている。

稲作文化の日本列島への伝搬について考えても、柳田国男をはじめとして、大まかに三つのルートが考えられている。この問題一つをとっても重層的で、また時間差も当然頭に入れて考えなければいけない。とても複雑である。

関西と関東の違い

私の素性を簡単に述べ、現在感じている関東・関西のちがいについて書いてみる。

私は福島県喜多方市の生まれで、本籍は現在でも喜多方市にある。両親は共に福島県喜多方市の農家の生まれである。父親は体が弱く百姓をしていたら殺されてしまうと考えて、十六歳の時に蔵から五十銭玉を一握りつかんで東京へ家出をしたそうである。それ以来、東京練馬の上石神井で死ぬまで暮らした。そういうわけで私は小学校から高校までは東京で暮らした。大学も北関東の茨城大学で、その後は神奈川県内に就職した。五十一歳で早期退職後は青森に引っ越し、十五年間青森県で暮らした。六十九歳になって初めて箱根の山を越えて関西（瀬戸内は関西とは呼ばないと思うが）方面に住むことにした。もちろん旅行では九州や大阪など幾度も訪れている。

その引っ越した理由は、宮本常一は日本全国を旅しているが私は殆ど瀬戸内を旅したことはなかったことによる。それで五、六年前に瀬戸内の島々を尋ねる旅を三年計画で立て旅行したのであった。旅の計画三年後の最後に訪れたのが岩城島であった。伯方島を歩いていて竹浦に向かう時に道を尋ねると「がんばんなさいよ」と声をかけられた。また因島の土生港の船の待合室（現在ではその売店はない）で、土産物の売店のおばさんとお年寄りのやりとりが、とてもほほえましく見えた。また岩城島の積善山へ登る途中のトイレ休憩所のおばさんは、岩城島では景色はもちろん良いけど、住んでる人が良いと自信を持って言っていた。これが岩城島に移住する決め手となった。

関西と関東のちがい

自分のことをつらつらと述べてしまったが、関西と関東のちがいについて言いたかったので、自分の簡単な履歴を書いた。私は、おそらく父母と祖父母も喜多方の百姓だから、生粋の関東以北の人といって良いと思う。

安寿と厨子王の話があるが、大体、東北人・関東人は関西のことを良くは言わない。私も大阪を訪れて十回くらいになるが、親切な対応を受けたことがない。東京では道を聞けば親切に教えてくれる。時間に余裕があれば、案内してくれることもある。大阪では道を聞いても、知らんぷりするか、デタラメを教える。少なくとも三人くらいに道を聞かないと正確なことを知ることができない。これは関西では当たり前のことかも知れないが、私には驚きであった。津軽や北海道では近江商人の通った後は草も生えないという言葉が残っている。関西を旅した東北の人たちの話を聞くと、まず良い印象は持っていない。関西人も東北や北海道を旅して、関東人や東北人が関西人に対するのと同じ印象を持っているのか聞いてみたい。広島県竹原市を訪れた時、駅近くのビジネスホテルに行った時煙草を吸うかと聞かれ断られた。また市内の旅館を訪ねた時には、まるで押し売りを追い出すような罵声を浴びせられた。日本全国いや世界でもかも知れぬが、初めての体験であった。

昔から関東以北に住んでいた人は、関西に来た時には外国に来たような印象を受けるのではないかと思う。大阪に昔から住んでいる人たちも、東京に来ると、関東人に対して同じような印象を受けるのだろうか。これは今はやりのＤＮＡによる日本人の解析で日本列島の先住民の血が多い関東人と、朝鮮半島からの移住者、もっと簡単に言ってしまえば、朝鮮人の血を引く人たち即ち関西人のちがいなのだろうか。

第四章　日本国のビジョン（展望）

天皇の系譜

天皇の系譜を概観すれば、朝鮮半島から渡ってきた古墳文化を受け継いできた人びと、その中でも有力な権力を持っていた支配者たちの繰り返された抗争・攻防の中から出てきた一氏族が、おそらく天皇を生み出した氏族なのであろう。朝鮮半島を巡る政権の戦いの中で日本列島にも当然、その氏族たちはやって来た。

日本列島には先住民、おそらく縄文文化を受け継いだ人びとが住んでいたに違いない。当然、先住民である人びとと朝鮮半島からやって来た人びとの間には争いが起こったこともまちがいない。鉄器製の武器と石器製の武器では戦いにならない。刀と鉄砲の勝負みたいなものである。

その朝鮮半島から渡ってきた人びとが当時の西日本を統一した大和朝廷だったのだろうと考えられる。未開地が国家と呼ばれるためには、税収制度が国家が占める領域に行き渡っていなければならない。基本的に国家という組織は富の集中とその維持をはかり、その富の所有を保証する組織なのである。その国家が組織としてその機能と役割を充分に果たすことが試されるのは、外国からの侵害・侵入を受けた時である。オセアニア大陸・中南米をはじめとして多くの先住民が暮らしていた地域が強力な経済力と軍事力が整備されていなかった為に、欧米の植民地となり、二十一世紀の今日になっても、当時の植民地統治国の大企業や統治国の機関が実質的に支配しているのが実状である。

大和朝廷時代から平安朝へ時代が下ると、先住民豪族との混血、その先住民豪族の血を引く幾つかの豪族集団が、大和朝廷・平安朝の上部支配層を形成していた朝鮮半島からの移住者の中に、下部組織の方から少しずつ上部支配層の中に食い込んでいったのだろう。

日本文化の源流は、東南アジアにあるという言語学者、世界の民族音楽の研究者、それに民俗研究者である宮本常一は語っている。いずれにせよ、言語により、音楽の旋律により、栽培植物や家の建築構造などにより、考えて推測を進めていく方法を採るのが有効だろう。

最近は人のＤＮＡの解析から、日本の民族の古さは、南の方のアジア種族が一番古くて、二番目に北方アジア系で、三番目に古い即ち一番の新参者は朝鮮（中国）系ということが明確になって来た。これは取りも直さず、言語学者、民俗音楽研究者、そして民俗学者の学説を裏付けることになっている。

関東以北に住んでいる日本人にとって天皇というのは違和感を感じるものである。東北の人びとにとってはさらにその感は強いようである。関西以南に住んでいる人びとは、天皇の行跡や塚などどこにでも有り、珍しい事ではない。日常生活の中に天皇の行為や行脚が溶け込んでいる事である。日本の民主主義の系譜は中江兆民の流れをくむ一流であろうか。読者は不思議に思われるかも知れないが、中江兆民は玄洋社の頭山満と昵懇であった。

西欧人は西欧文明が一番素晴らしくて優秀だと誇っているが、たかだかここ二百五十年くらいのものであろう。地球四十六億年の歴史で、三十八億年前に生命が生まれ、人類の歴史は百万年位で、現生人類の誕生となると数万年前か。

西欧人のもたらした文明は、ここ二百五十年ほど、著しい発展を遂げ、ヒトを月に送るまでになったが、新世界と呼ばれる地域に殺戮と暴虐の限りを尽くし、全世界、地球上全ての自然環境・生命環境に混乱と荒廃をもたらしてきた。

現代日本の状況

戦後七十五年を経て未だに日米安保条約を結んでいるからといって、外国の軍隊が日本の国土に駐留しているのは、どう考えても異常だ。特に沖縄には相当数のアメリカ軍の軍事施設がある。ベトナム戦争では沖縄基地から攻撃機やアメリカ軍兵士を乗せた軍用機が飛び立った。日本ではアメリカと地位協定が結ばれていて、日本領土内でアメリカ軍兵士が犯罪を犯した時、日本の警察はその犯人を捕まえる事はできない。西欧のドイツなどでは、日本での地位協定の存在は、おそらく許さないだろう。ドイツだけでなく、西欧の国々では認める事はないと思う。確かに大使館には外交特権というのがあるが、これは世界中の国々で互いに認めている事で、駐留軍の場合にはあり得ない。要するに治外法権である事がアメリカ軍兵士の犯罪者にまで適用されているという事だ。日本政府はどう考えているか分からないが、日本国民にとっては屈辱である。私は沖縄県民を除いては、それほど日本国民の屈辱とは感じていないのではないかと思っている。ここにも日本人の客観性と公正さを軽んじる風潮を見る。物事を深く考えないのだ。

明治以来、天皇の威信をかざして政治を行い、政治の責任は天皇の領袖に隠れてとらないという政治手法が、太平洋戦争後も続け、平成・令和と年号が変わっても、全く変わらない。東北大震災の福島第一原発事故で、一体だれが責任をとったか。だれも責任をとらない。皇太子夫妻、天皇陛下のお言葉で終わりである。

私は日本国憲法にある象徴天皇制は、文化ではなく政治体制であると捉えている。摂関政治、簡単に言ってしまえば天皇の領袖に隠れて政治責任を免れる政治手法は、平安時代初期の藤原純友の乱以後ではないかと考えている。

私はイギリス王室のように政治と皇室は完全に分離すれば、日本の政治家も政治責任を負うようになるのではないかと考えている。かつて国鉄を民営化したように宮内庁を民営化したらどうだろうか。太平洋戦争後、実際に神社庁は民営化された。

日本はアメリカの首枷を外せるか

アメリカのリモート・コントロール状態の政治状況から脱却する事が、果たしてできるだろうか。すぐに日米安保条約をやめると言っても、アメリカは力ずくで日本の領土を、駐留アメリカ軍を使って再占領する位の事はやってのけるだろう。日本は事実上の中国・ロシアへの最前線基地であり、はいそうですかとアメリカが日本を手放すわけがない。国連総会、アジア政策などをとっても、日本はアメリカの言うなりになる有力な子分国とでも言える存在である。日本をアメリカが失う事は、アメリカにとって有力な味方を一国失う事になるので、そう簡単には手放そうとはしないだろう。このこと、即ちアメリカからの日本の離脱は相当の難題となる。日本が本当にアメリカからの離脱を目指すのならば、太平洋戦争敗戦百年を目途として、今から二十五年位の長期間の交渉をしなければならないだろう。

宮内庁の民営化とアメリカからの緩やかなる離脱を成し遂げる事ができたなら、少しは政治家が行ってきた政策に少しは責任を持ち、世界の国々と外交関係を自立して行い、アジア諸国の中でも充分に力を発揮していけるのではないか。アジア通貨基金（ＡＭＦ）を創設しようとしてアメリカに横やりを入れられる事もないだろうし、中国にアメリカの子分国と蔑まれる事もなくなる。西欧諸国も二〇二〇年の現在では、日本はアメリカの子分国と捉えていると思われる。救いはアフリカ諸国、それにアジア諸国、特にアジア諸国は日本に好意的な国が多い。

フランスは国王をギロチンにかけて民主憲法を制定した。イギリスは国王は殺さずに王室をつくり欽定憲法を制定した。明治期に大日本国憲法をつくるに当たって、民間では九十パーセント以上の憲法案が民主憲法案であったのに、強引に天皇を頂点とする憲法案を明治政府は考えた。どのように明治憲法がつくられたかは、私の書いた『思想史から見る日本の歴史』を参照されたい。日本国内の大学には法学部が数多くあり、憲法学者はいるはずなのだが、今まで宮内庁を神社庁のように民営化して、政治家に責任体制をとらせるなどという主張はないのだろうか。

現在の日本国憲法には、天皇に軍事統帥権こそないが、殆ど明治憲法と変わらない。明治時代に政治家が天皇の領袖に隠れて悪事を行い、自分の行った政治につて責任をとらないと言われた指摘は現在でも言える。幾度も述べてきた福島第一原発事故では、だれも責任をとらず、東北大震災の十年目を迎えようとしているが、原発事故記念館を建てたそうである。新聞報道によればチェルノブイリに造られた原発博物館と比較して、きちんとした事故原因についての反省、これからの将来の事について内容が曖昧で、追求が甘いと記事にあった。私は未だその記念館に行ってないが、新聞記事が本当であれば、政治家は原発事故にだれも責任を持たず、天皇陛下の慰問でごまかした。ひどい話だ。

どのような国を目指すのか

柳田国男は「ヒトの社会は、人の意志でつくり出すことができる」と述べている。日本は将来どのような社会を持つ国にしようとしているのかを考える時期に来ている。西欧社会のように、清掃業や単純労働、いわゆる3Kの仕事の従事しているのはアフリカから来た黒人や移民の人たちである。言わば階級社会となっている。フランス、イギリス、ドイツなどの国々がそうだ。

またアメリカのように新資本主義・金儲け第一主義の社会を目指すのか。それともブータンのように幸福度を第一に求めていく社会を目指すのか。

もはや、大量生産・大量消費の循環が成り立たなくなってきたことが分かってきた。人間社会が永続的に維持して行くには、地球環境に過剰な負荷をかけてはいけない。

宮崎滔天のこと

日本に亡命中の孫文に援助の手を指しのべた宮崎滔天は、『三十三年の夢』の最後に「落花のうた」で、「非人乞食に絹を衣せ、車夫や馬丁を馬車に乗せ、水呑百姓を玉の輿、四民平等無我自由、万国共和の極楽を、斯世に作り建てなんと、心を砕きし甲斐もなく、計画破れて一場の、夢の名残の浪花武士、…」と夢果たせなかった心境を謡っている。これは第三章の浅沼稲次郎の政治目標に似た響きが感じられる。

現代においては新資本主義とか自己責任が強調されるが、社会主義や共産主義ではなくとも、富の分配についてはより大きい視野に立って考え直す時代に入ったのではないか。ここ十年で情報産業の発展は凄まじく、ＧＡＦＡと呼ばれる四社は、既に一社の株の資産価値が日本の国家予算の百兆円を超えている。何とも凄まじい富の集中が起こっている。

情報文化における通信技術の発達は長足の進歩を遂げた。手のひらに載るスマートフォンで世界中の人と瞬時に連絡が取れ、分からないこともインターネットを通じて調べることができる。

アメリカの日本占領政策

アメリカの凄いところは、戦争中に既に日本の占領計画を立てていたことだ。第一に家族制度の解体と天皇制廃止であった。家族を中心として天皇を頂点とする社会構造を分断・破壊することであった。確かに家族制度はなくなったが、核家族化、さらには少子高齢化が進み、現在では介護問題が浮上してきた。日本を含みアジア地域では老齢者の介護は家族が基本であった。この介護問題は平均寿命の延びも影響がある。

一方、天皇制については明治維新の天皇の取り巻き政治家たちが強い抵抗をして、天皇制は日本の占領統治に有効であるとGHQを納得させた。そしてその取り巻き連中はGHQのカイライ政権として生き延びた。まことに巧妙な自己保身の方法であった。

日本が民主憲法を制定するチャンスは二回あった。一回目は明治維新であり、二回目は太平洋戦争後の一九四五年である。またもや民主憲法を制定する機会を逸してしまった。象徴天皇制を持ちこむことによっても、アメリカの占領政策はほぼ完遂されたといって良いだろう。

どんな人びとの住む社会でも、だれでも一生懸命に働けば、ゆったりと生活を楽しみながら暮らせる社会を望んでいるのではないだろうか。朝は小鳥のさえずりで目を覚まし、穏やかな一日を過ごし、暖かな家庭を築き生活していくことを望んでいるのではないだろうか。

津軽に十五年生活していたが、私よりも二十二歳年上のおじいさんが言っていたのを思い出す。「今は何でもあり、お金さえあれば豊かな生活が送れる。昔はお金はなかったが、生活がゆったりしていて、季節ごとに祭や休みがあった」と。現在はリンゴの木の消毒はスプレーヤー（噴霧器）で行い、半日もかからず終わってしまう。稲の田植えや稲刈りも機械化されあっという間に終わってしまう。仕事自体は機械化され短時間で済むが、生活のサイクルが早く、いつも時間に追われ尻に火がついたように忙しい日が続き、精神的に余裕の持てる時間がない。農作業は恐ろしく効率が上がったが、時間的には厳しくなった気がしてならない。現在は津軽のリンゴ農家に限らず、日本全国の農家は、完全に農業一本で生活を成り立たせているのは少ない。現金は毎日必要となるので、農家では誰かが現金収入を得られる勤めに出ているのが現状である。まして結婚して子供のいる若夫婦は多忙を極める。体が二つ欲しいところだろう。

都会に生活している若夫婦も農家の人たちと条件は違えど、生活は楽でなく厳しい。親のいる家から通勤している場合は、両親に子供を預けて働きに出かけ、家賃も払わないで済むが、アパート住まいの場合は、首都圏では１ＤＫのアパートの家賃が八万円を超える。若夫婦が共稼ぎでも、ギリギリの金か、夫婦二人の収入を合わせても金の不足する月もある。自分の持ち家のない夫婦の経済は相当厳しいものがある。親の財産や蓄えのない人たちの生活は、都会では大変だ。

戦前・戦中は、大事に育てた子供は戦争にとられ、現在は都会の労働力として子供らは行ってしまう。現在、子供を大学卒業させるまでに二千万円かかると言われている。その子供にお金と手間暇をかけても、殆どが地元に残らず都会に行ってしまう。地方は疲弊するばかりだ。家族のみんなが豊かに楽しみながら生活して行ける時代はやってくるのだろうか。日本人が大切にしてきた季節感や味覚、村や町で守ってきた行事は殆ど衰退している。

例えば津軽で江戸時代から行われてきたネブタも現在では大企業の協賛を受けて観光祭りとして存続しているが、住んでいる人びとの楽しみとしては下落傾向にある。おそらく徳島の阿波踊りとか、各地方の昔からの伝統的な祭り全てに言えることではないか。

天皇制は文化ではなく政治体制である

天皇は現人神である。これは戦前・戦中の天皇の定義である。その現人神が軍事統帥権を持っていたのである。現人神の写真にツバを吐きかけたりすることはとんでもないことで、写真に向かって礼をしないだけでも不敬罪になった。政治的行動と出版を含めた政治的発言を徹底的に弾圧した。現人神に逆らうことは、死を以て報いを払わされた。これほど分かり易い政治体制はない。中野正剛が書いた『明治民権史論』に「政治家は天皇の領袖に隠れて、思いのまま悪事を働く」とある。戦後の一時期に天皇の戦争責任が問われたが、その時期を過ぎると直ぐウヤムヤになってしまった。天皇は最高の政治責任者であるので、その傘下にある政治家は何をやろうが、しでかそうが責任を取らないで良いという理屈らしい。治安維持法と天皇制は対になっており、時の政権が思うがままに政治を行うよりどころとしてきた。ひどいものだ。

二つの提言

まず一番目は宮内庁の民営化である。英国の王室は政府の財政的管轄圏から離脱して財団法人化して運営しているようだ。かつて国鉄（日本国有鉄道）が民営化されたが、国鉄は言わば国民の足で、各地方における国民の移動・物資の運搬に多大の力を発揮してきた。それなりの移動に当たっての利便性や安全性を国民に与えてきた。神社庁は民営化されたが、依然として宮内庁は政府機関として存在する。私の調べた日本史辞典には、明治期から戦前までの宮内大臣名は載っているが、総理府（内閣府）の中に宮内庁の名称は載っていなかった。但し、宮内省の項に一八六九（明治二）太政官制の一省として大宝令に準拠して設置。戦後縮小され、一九四七（昭和二十二）宮内府、一九四九年宮内庁に改組、総理府の管轄となったとある。宮内庁だけは特別な存在なのであろうか。不思議である。

国鉄と比較すると、宮内庁は一体どれだけ日本国民に有益な働きをしているのだろうか。あるとすれば、大災害や大地震にあった地方を慰問することと、政権を獲得した為政者にカリスマ性を与えることと、自分の行った政治結果の責任の隠れ蓑とする位ではなかろうか。国鉄と比較すれば国民に与える有益制は殆どないと判断される。また負の遺産として、天皇制が太平洋戦争で日本国民に及ぼした影響は、広島・長崎の原爆投下、東京大空襲、そして最後の戦場となった沖縄がある。沖縄は現在でも、アメリカの最前線基地としての役割を担っている。ベトナム戦争の主力部隊は沖縄から発進していった。

以上が宮内庁民営化を提起する理由である。

もう一つはアメリカからの緩やかな離脱である。アメリカ本土が戦場となった戦争は、アメリカ独立の南北戦争位である。太平洋戦争後の朝鮮戦争、ベトナム戦争、アフガン戦争、湾岸戦争、全てアメリカ領土の外を戦場としている。九・一一のニューヨークの二つのビルに航空機が突っ込んだテロ事件があるが、これは戦争と言うよりも事件である。アメリカの国土全体が戦場となったわけではない。私は、アメリカ人は戦争に対して不感症になっているのではないかと考え込んでしまう。アメリカの若者たちがベトナム戦争反対の声を上げたのは、多くの若いアメリカ兵が負傷・戦死して戦争の悲惨さがアメリカ本土に住むアメリカ人に伝えられたからだと思う。

国連でもG7でもアジア太平洋会議でもアメリカは言いたい放題、やりたい放題である。その片棒を担いでいるのがGDP四位の日本だ。おそらくアメリカに日本が加担しなければ、特にアジア地域のアメリカの発言は尻つぼみになるに違いない。西欧の連中もアメリカは上手に日本をコントロールしていると見ているだろう。

アメリカは日米安保条約で日本を縛りつけ身動きできないようにしている。もし日本が日米安保条約を解約しようと発言したら、もの凄い衝撃がアメリカの首脳部に走るだろう。最悪の場合、中南米のように軍事による日本の再占領化が行われるかも知れない。それほど日本はアメリカにとってアジア地域、そして西欧諸国に対する強力なアメリカ支援国となっている現状がある。いわば、アメリカの一の子分である。

こんな状況の中でアメリカから離脱する時は、相当な困難を覚悟しなければならない。アメリカから離脱して、日本が独立した一国として国内を治め、外交政策を打ち立てねば沖縄はいつまでたっても軍事基地化した植民地状態から脱することはできない。やはり短期間でアメリカから離脱することは無理で、何十年かかけて緩やかに離脱していくのが本筋であろう。それには、日本の政治指導者たちが与党も野党も含めて、長期的展望、世界的政治視野を頭に入れて、焦らず、腐らず、あきらめず、計画に従って段階的に政治政策・外交政策も、アメリカを除く国々とも連携を取りながら進行していかねばならない。多難な道である。だが、日本が独立を得るためには通過せねばならない第一の関門である。

日本をどのような国にしたいのか

二〇一一年の東北大震災で東北の人びとは、穏やかな日常が如何に貴重であるかを知った。そして何よりも大切なものは人びとの間の絆であることに気づかされた。このところ毎年のように異常気象による災害が日本全国に渡って発生している。これによっても日々無事安泰なことは幸福だと思い知らされた。また二〇二〇年の春に発生した新型コロナウィルスの世界的大流行は、私たちの日常生活のあり方まで変化させてしまった。互いに輪を組んでみんなで話し合うことは難しくなってきた。今まで穏やかに暮らしてきた日常生活が遠いことのようになってきた。

日本の自殺者数は世界の国々と比べて多く、特に若者が多いと指摘されている。十年位前までは自殺者数が年間三万人を超えていた。十年間にすると三十万人である。地方の県庁所在地の都市人口が大体一つ消えたことに相当する。現在では年間約二万人が自殺で亡くなっている。高齢化・少子化が進む現在で、とても悲しく惜しいことだと思う。

穏やかな日常生活を送ることが難しくなってきた。特に若い人たちの年間所得は、派遣社員という本採用でない場合は著しく低い。いわゆる所得格差が起こってきた。実際は夫婦共稼ぎでも、子供を持つと厳しいという。貧しい家庭では三度の食事をまともにとれないという。現在、貧しくて食事を充分にとれない子供たちのために、NPO法人が子供食堂を立ち上げている。しかし、コロナ禍の為に活動を中止しており、食品の配達に切り替えているという。とても穏やかな暮らしをするどころの話ではない。新聞の報道によれば、二〇二〇年十月時点で沖縄では子供の三人に一人が貧困、日本全国では七人に一人が貧困家庭であるという。

やはり社会主義国ではなくとも、一生懸命に働けば、誰でも穏やかな暮らしができる国を作っていかねばならない。特定の一部の人びとが富を独占し、貪るのは間違っている。

日本の社会主義運動を進めてきた人たち

日本にも桃源郷・理想郷を目指して社会を変革していこうと政治運動として、明治・大正・昭和と時代を駆け抜けた人たちがいた。社会主義運動を進めてきた人たちは、一銭の金にもならないし、世の中で名声を得るわけでもないし、誰に頼まれたわけでもないし、なんと損な役回りを引き受けたのだろうと今更ながら思う。今から十六年前に出版した『思想史から見る日本の歴史』を書くために、堺利彦をはじめとして無政府主義者と呼ばれる人たちの著作を数多く読んだ。そこで不思議であったのは民主主義の権化のような中江兆民と右翼の巨頭とも呼ばれた玄洋社の頭山満が昵懇の間柄で兆民の病床を尋ねていたことだ。思想的に左翼・右翼というのは理想の社会・国を造るのに、左から行くか右から行くかだけのちがいで、人びとが穏やかに住める社会・国にたどり着く道筋のちがいに過ぎないように思われてくる。

新制日本国のビジョンを目指して、明治期から昭和の太平洋戦争開戦まで社会運動を続けてきた人びとがいた。日本社会主義運動小史ということでまとめ、書き続けていく中で、その人たちを紹介して行こうと考えたが、わたしにはそれだけの時間と余力が無くなってしまった。怠け者の言い訳に過ぎないかも知れないが、私が読んできた中で記憶に残る二人を語って日本文化史再考の締めくくりとする。

二人のまとめ役

私が今まで読んだ生涯を通して社会運動を実践した人を二人紹介する。一人は堺利彦である。もう一人は吉野作造である。二人に共通するところは、当時の社会運動は分裂する遠心力ばかりが働く中で、終始一貫して社会運動をまとめ上げ、一つの社会・政治の世界を協力一致・大同団結するように、求心力として推し進めたところである。日本の明治期から戦後までの労働運動は、常に分裂・分解を繰り返してきた。戦後の自民党内の派閥争いも、野党の離合集散も構成員自体は変わらない。実質は党名の変更に過ぎないまやかしの横行である。野党は決して大同団結することはなく足の引っ張り合いばかりで、まともに一致団結して自民党政権に挑むことをあえてしない。これも明治期から戦後の今日まで不変である。常に社会運動・政治運動は分裂・分解の遠心力が働き、求心力が働くことがない。かつて原水禁運動というのがあって、これも共産党系だとか社会党系だとかで二分していた。当時未だ私は幼かったが、馬鹿じゃないかと子供ながら思ったことである。

吉野作造

吉野作造は民本主義を唱えた。岩波から吉野作造選集が発行されているが、三一書房から人物評伝三部作の一冊として田中惣五郎著『吉野作造』が発行されている。その端書きに、「吉野作造博士を通じて日本のデモクラシーを解明しようとする企ては、私にとってのながい懸案であった。日本が天皇制絶対主義へ入りかけた時期のイデオローグを福沢諭吉であるとすれば、それからぬけだそうとする段階の有力な働き手の一人は吉野であったからである」と書いている。この田中惣五郎が書いたわずか三頁の端書きの中に吉野作造が明治から昭和初期にかけての社会運動・政治運動の思想界に与えた業績がまとめられている。

堺　利彦

堺利彦は社会主義運動を求心力となって支えた。堺利彦全集全六巻が一九七一年に法律文化社から発行されている。これは再版である。この第一巻と第六巻を読むと堺利彦の大まかな生い立ちと思想・信条をうかがうことができる。

堺利彦が書いた『日本社会主義運動史』に荒畑寒村が、解説に替えて社会主義上の堺利彦という短文を寄せている。

堺利彦は一八七〇（明治三）年福岡県豊津に生まれた。小学校を優等で卒業し、豊津中学校（現在の豊津高校）を首席で卒業した。彼が社会主義運動を始めるのは一九〇一（明治三四）年、三十一歳頃からである。以下に簡単な年譜を示す。

一九〇八年	明治四十一年	赤旗事件
一九〇九	四十二	「新聞紙法」公布
一九一〇	大正　三年	日本が第一次世界大戦に参加
一九一九	八	「新社会」第六巻第一号に「マルクス主義の旗印」を発表
一九二一	十	社会主義同盟なる
一九二二	十一	日本共産党の秘密結社をつくる
一九二三	十二	関東大震災　大杉栄等虐殺される
一九二五	十四	「普通選挙法」「治安維持法」公布
一九三三	昭和　八年	堺利彦　逝去

最後に荒畑寒村は「大正十年の社会主義同盟を経て、十一年に日本共産党の秘密結社が作られ、翌年にはその検挙によって先生（堺利彦）もまた連累投獄されたが、この事件は日本の社会主義運動史上における新しい勢力と意識の表現であった。また先生にとっても、その思想的発展の必然的過程であったといえる」と書いている。

これを以て、『日本文化史再考』を閉じる。

あとがき

おそらくこの書が私の最後の著作となるだろう。何だか遺書めいた著作になってしまった。当たり前のことしか書いていないが、どうしても書いておきたいことを著した。明治から戦前までのジャーナリストは、過激でというよりも思想に関しては原則的であった。二〇二〇年現在の新聞界、テレビ・ラジオの放送業界、さらには出版界までもが萎縮して見える。これは私だけの偏見であろうか。

小野寺　満（おのでら　みつる）

1949年　福島県喜多方市に生まれる
1974年　茨城大学理学部物理学科卒
1975年　神奈川県立藤沢工業高等学校教諭となる
2001年　神奈川県立厚木南高等学校退職
2005年　青森県弘前市へ移住
2018年　愛媛県越智郡へ移住

著書『秋月悌次郎の左遷』『歴史紀行　西郷隆盛』
『思想史から見る日本の歴史』『北辺警備と明治維新』
津軽・下北三部作『うとうの話』『およの話』
『ヒバ林の話』

現住所　愛媛県越智郡上島町岩城2485番1

日本文化史再考

2021年5月6日発行　定価＊本体1300円＋税
著　者　小　野　寺　　満
発行者　大　早　　友　章
発行所　創　風　社　出　版
〒791-8068 愛媛県松山市みどりヶ丘9－8
TEL.089-953-3153　FAX.089-953-3103
振替 01630-7-14660　http://www.soufusha.jp/
印　刷　㈱松栄印刷所　　製　本　㈱永木製本

ISBN978-4-86037-301-6

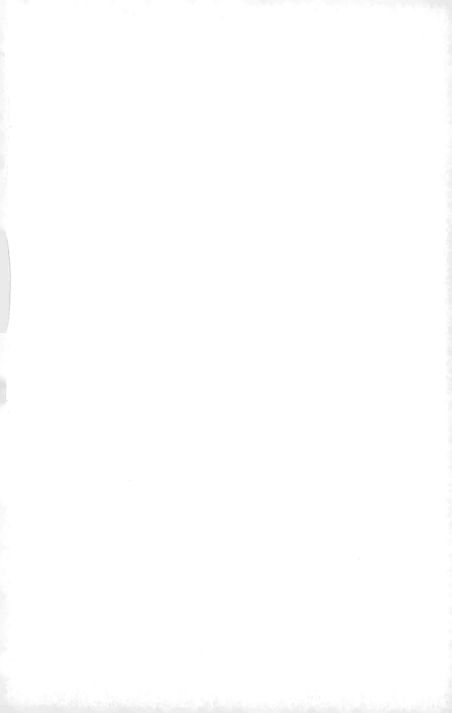